쌤, 어디 다녀오셨어요

크리스마스에 다녀온 수학쌤의 이탈리아 드로잉 여행기

프롤로그

　지난 연말에 이탈리아 여행을 다녀온 뒤 몇 달이 흘렀다. 여행 사진으로 줄곧 그림을 그려대는 나에게 큰 오빠가 책을 한번 써보라고 했다. 책 쓰는 게 그리 어려운 건 아니라고, 독립 출판으로 할 수도 있다고. "에이 오빠! 여행 2주 다녀와서 책을 쓴다면 책 안 낼 사람 없겠네." 하며 웃어넘겼다.

　제법 더워지기 시작한 5월의 어느 날. 나는 글을 쓰기 시작했다. 작년 초 삼청동에서 얼떨결에 첫 개인전을 열었을 때가 데자뷔처럼 떠오른다. 취미로 그림을 그리기 시작한 지 1년 반 만에 개인전을 한다는 것을 상상도 못 했었다. 그런데 이번에는 책이라니!

　전형적인 이과 성향인 나는 늘 학생들과 함께 생활해서 그런지 중2 남학생과 뇌 구조가 비슷한 것 같다. 평소에 별생각 없이 지내고 주변에 관심도 별로 없다. 그러다가 내가 관심 있는 것에는 눈이 반짝반짝해진다. 말주변도 별로 없고 상식도 별로 없는 내가 글을 쓰게 되었다.

하지만 요즘 사람들이 긴 글을 많이 읽지 않으니, 그림 많고 요점만 간단하게 쓰는 나의 글이 이 시대에 잘 맞을 수도 있겠다는 생각이 문득 든다.

여행 다니면서 끄적여 놓은 메모와 그림, 사진으로 기억을 되짚으며 나의 이탈리아 여행기를 시작해 보려 한다.

목차

세 번의 이탈리아를 꿈꾸며   11

1. 처음 로마

여행의 시작은 비행기 그림으로   16

멘붕에 빠진 바티칸 투어   19

보르게세의 탐욕과 열정   25

콜로세움 나올 때 스티커는 이곳에   33

까라바조를 아십니까   38

두 번째 베드로 성당   40

로마의 힙지로, 트라스테베레   43

판테온 신전에서 미사를 드리다   47

2. 붉은지붕 피렌체

피렌체로 가는길   52

영화의 한 장면 속으로 들어가다   54

멀리서 보아야 더 아름다운   59

냉정과 열정 사이의 재키화방   60

역시 일몰은 미켈란젤로광장   64

우피치 미술관에서 간 떨어질 뻔   69

젊음이 부러운 순간   72

포켓커피는 커피가 아니었네   74

3. 토스카나

운전보다 더 어려운 주차 정산   78

가죽가방 사러 시에나에 다시 올 수 있을까   81

루시아가 전 세계 사람들과 소통하는 법   84

이탈리아 가정에서는 이렇게 아침을 시작하겠지   87

막시무스의 집에는 아침에 가세요   91

토스카나에 다시 와야하는 이유   95

피엔차, 이곳이 내가 상상하던 이탈리아   96

트러플 향에 취해서   102

오기 잘했어. 몬테풀치아노   105

성체포는 없었다. 오르비에토   108

4. 드디어 아시시

　　결계인 듯, 쉽게 들여보내 주지 않았다　114

　　아시시에서 새벽미사를　118

　　연분홍 빛깔 오묘한 아시시　121

　　쇠사슬과 옷가지는 왜 들고 있을까　122

　　이탈리아로 오게 한 사진 한 장　126

　　어깨춤 리드미컬한　130

　　불타는 아시시의 일몰　133

　　말소리가 음악이 되는 골목길　137

5. 따뜻한 남부

　　남부로 가는길　142

　　오토바이 굉음 가득한 소렌토라니　144

　　두 번째 멘붕. 성탄 전야인데　146

　　드레스코드는 빨강과 초록　149

　　포지타노 해변을 독차지하다　152

　　깔라마리 맛있던 아말피는　163

　　남부 요리가 맛있다는데　164

크리스마스 시즌은 하이리스크 하이리턴　168

떠날 때가 되니 보이는 것들　170

산 안토니오 광장에서의 여유로운 시간을　172

6. 다시 로마

다시 로마로　176

걸으면 보이는 성당들, 성지순례　177

드디어 김대건 신부님을　178

빨간 비알레티 모카포트　182

굳이 어반스케치를 하는 이유는　184

한 권의 저널북으로 남다　186

집으로　190

에필로그　192

세 번의 이탈리아를 꿈꾸며

몇 년 전 성당 언니가 여행 사진을 보여줬다. 그동안 여행에는 관심이 별로 없었는데 이탈리아 소도시인 아시시의 사진을 보고 꼭 한번 가보고 싶다는 생각이 들었다. 늦바람이 무섭다고 여행 문외한이 이탈리아 자유여행을 결심했다. 여행 책자를 찾아 읽고 네이버 여행 카페에 가입해서 정보를 얻어 항공권, 숙소, 기차 예약을 완료했다.

떠나기 두 달 전 코로나에 발목이 잡혀버렸다. 혹시나 하는 마음에 마일리지 항공권과 숙소를 예약하고 취소하기를 반복했다. 예약만 해놔도 뭔가 즐겁고 기대되었으니까.

끝이 보이지 않는 팬데믹에 지칠 즈음 유튜브 알고리즘이 알려 준 어반스케치 동영상을 보고 이거라도 하자며 그림을 그리기 시작했다. 학생들과 생활하는 학원 원장이다 보니 더욱 조심스러워 집과 학원만 오가는 다람쥐 쳇바퀴 도는 생활이었다. 여행지에서 그리게 될 날을 꿈꾸며 그림을 그리는 게 유일한 탈출구였다.

코로나 상황이 안정되면서 어반스케쳐스 서울 모임에 나가며 그림의 매력에 더욱 빠져버렸다.

이탈리아에서 가볼 만한 곳을 관심 있게 보다 보니 적어도 세 번은 가야겠다는 생각이 든다. 롱부츠처럼 생긴 이탈리아에서 앞쪽 정강이 부분, 장화의 뒤 굽 그리고 장화 윗부분이다.

첫 여행은 이탈리아 중부와 서남부로 가기로 했다. 일단 로마로 들어가서 피렌체, 토스카나 소도시와 아시시를 보고 남쪽으로 간다. 쏘렌토, 포지타노, 아말피, 라벨로를 둘러본다.
다음번은 이탈리아 동남부이다. 로마에서 바리로 열차 타고 가서 폴리냐노 아 마레, 알베로벨로, 그리고 고대 도시인 마테라에 갔다가 레체를 거쳐 로마로 돌아온다.
마지막으로 베네치아에서 시작해서 돌로미티 지역, 시르미오네, 베로나, 밀라노까지 이르는 북부 여행이다.

아, 그리고 여행에 동행한 남편은 레오나르도 다빈치의 이름에서 두 글자를 따서 '레오'라고 부르기로 했다.
첫 번째 이탈리아 여행이 시작되었다!

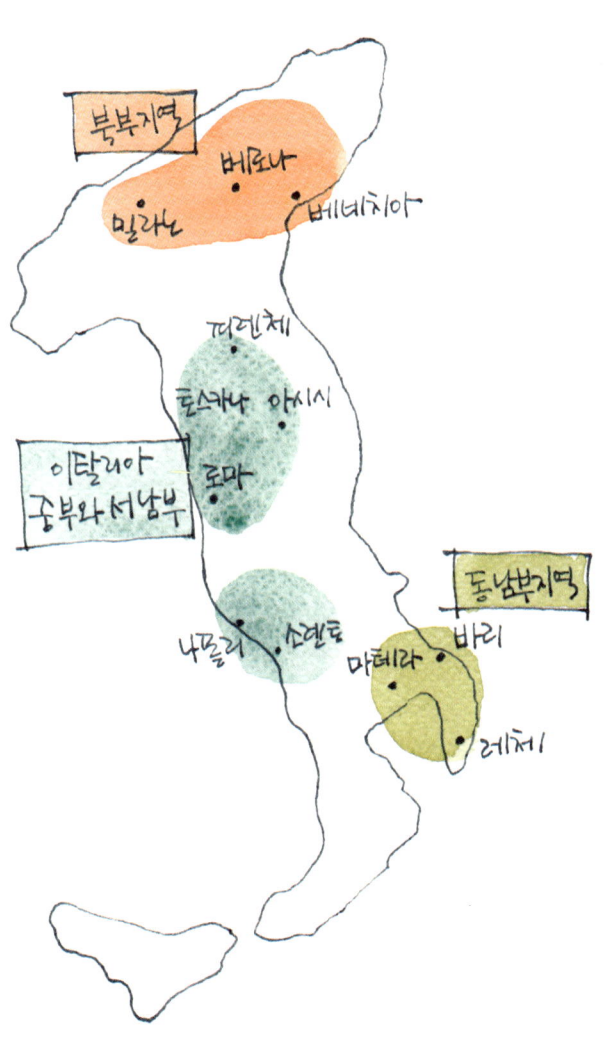

1. 처음 로마

여행의 시작은 비행기 그림으로

오후 출발이라 여유가 있었다. 그림을 그리게 된 후로는 공항에서 그림 한 장 그려야 여행이 시작되니 평소보다 일찍 가서 비행기를 그렸다.

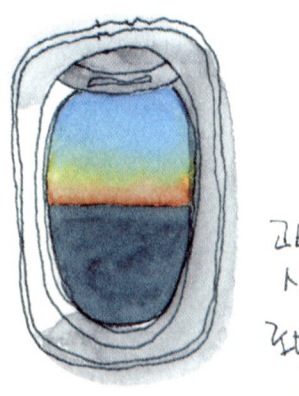

기내식으로 글루텐 제한식을 미리 신청해 두었다. 지난 일본 여행 때에는 안심스테이크였는데 이번에는 치킨과 감자요리가 나왔다. 기내식도 그리고 창문도 그렸다. 느긋하게 그림을 그릴 수 있는 건 아마 비행기나 열차 이동 중에만 가능할 수도 있겠다는 생각이 들었다.

14시간 비행에다 출발이 2시간 지연되어서 호텔 체크인이 아슬아슬했다. 택시에서 내려 까만 돌길을 걸어 숙소를 찾아갔다. 호텔이라는데 번듯한 입구가 아니라 노천카페 안쪽에 입구가 있었다. 코로나 이후 호텔 비용이 껑충 뛰어 가성비 숙소를 잡아서 그랬을까. 10시가 넘어 도착하니 호텔 직원이 없었고 와이파이랑 유심은 잘 안 터져 당황스러웠다. 식당에서 만찬 중인 호스트를 찾아서 겨우 체크인했다. 휴.

다음 날 아침에는 유일한 투어이자 제일 중요한 일정인 바티칸 투어가 있었다. 배경지식과 정보 얻기에 좋을 것 같아서 전략적으로 이탈리아 첫 일정으로 잡았다. 하지만 계획은 계획일 뿐이었다.

멘붕에 빠진 바티칸 투어

시차로 일찍 잠에서 깼다. 아직 어두웠지만 숙소에서 1분 거리인 트레비 분수를 보러 나갔다. 현관문을 나서서 몇 발자국만 가면 바로 분수가 있는 걸 보니 드디어 이탈리아에 온 실감이 났다.

숙소로 돌아와 쉬다가 조식으로 크루아상과 카푸치노, 파이, 생과일까지 든든하게 먹고 이탈리아 첫 일정을 위해 호텔을 나섰다. 표 사는 데 예상보다 시간이 걸렸지만 순조롭게 지하철을 탔다. 소매치기가 많다 하여 바짝 긴장하며 서 있는데 바로 뒤에서 우리나라 청년 둘이 대화하는 소리가 들려 인사를 건넸다.

"안녕하세요. 여기서 한국 분 만나니 반갑네요"
원래 내가 낯선 사람에게 먼저 말 걸고 하는 캐릭터가 아닌데 여행지에서는 성격도 변하나 보다.

청년들은 우리가 타고 왔던 비행기의 부기장들이었고 바티칸에 가는 길이라고 했다. 이야기를 나누다가, 내려야 하는 오타비아노 역을 지나쳐버렸다. 분명히 지하철에 뜨는 전광판을 확인하고 있었는데 네 명 다 못 보다니. 건너편으로 넘어가 한 정거장을 되돌아갔다. 청년들은 시간이 촉박해 투어를 놓칠 수도 있다고 하며 달려갔다. 우리도 서둘렀지만, 시간에 딱 맞춰 찾아간 투어 장소에 아무도 없는 게 아닌가! 전화통화도 안 되고 정말 멘붕이었다. 예상치 못한 상황에서 레오가 말했다.

"할 수 없지, 뭐. 그냥 표 사서 들어가자."

보통 두어 시간 정도는 기다려야 한다는데 겨울이라 그나마 대기 줄이 짧아서 30분 만에 입장권과 한글 오디오 가이드를 사서 들어갈 수 있었다. 보르게세나 우피치 박물관은 미리 공부해 두었는데, 바티칸 박물관은 워낙 복잡하고 볼 게 많아 당연히 투어를 하리라 생각하고 따로 정보를 찾아보지도 않았다.

정신줄을 부여잡고 엄청난 규모와 양의 작품들에 압도되며 이방 저방 둘러보았다. 박물관에 비치된 관람 동선 지도가 있어서 번호를 따라 이동하는데, 길치인 나는 길눈 밝은 레오만 따라다녔다.

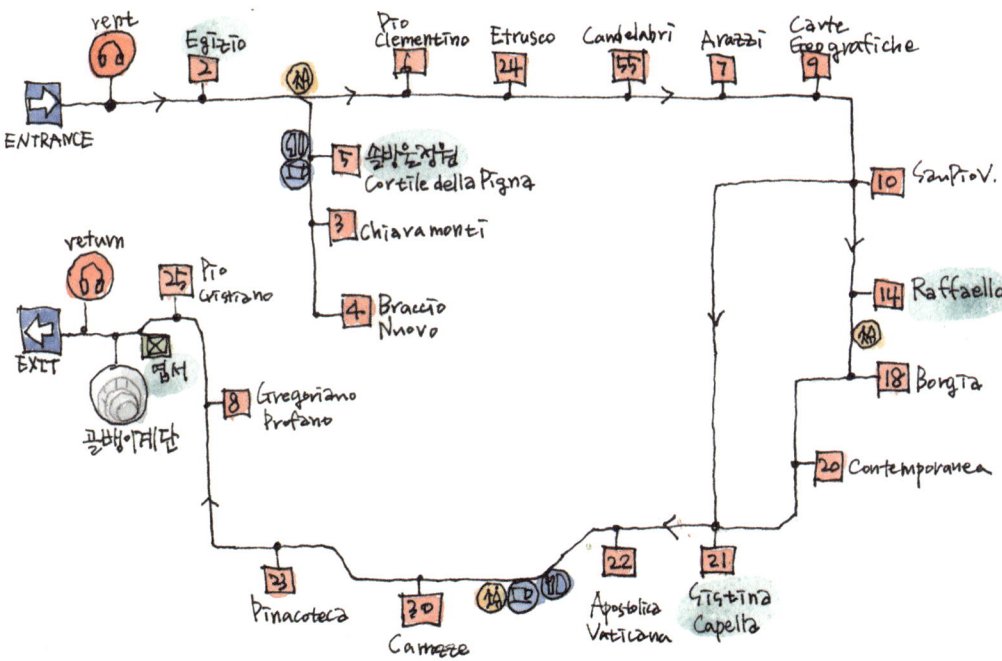

중간에 솔방울 정원에서 잠시 쉬면서 퀵스케치를 했는데, 만약 가이드 투어를 했다면 따로 시간을 내는 것은 엄두도 못 냈을 것이다. 지하철에서 만난 청년들이 지나가다 우리를 보고 인사를 했다. 우리 얘기를 듣고는 자기네 투어에 현장결제하고 합류하자고 했는데, 이미 많이 봤기 때문에 함께 사진만 찍고 헤어졌다.

"비행기가 되게 부드럽게 착륙해서 인상적이었어요."

레오가 그 청년들에게 말해줄 걸 하며 아쉬워했다.

오디오 가이드를 반납하기 전 1층 우체국에서 나에게 편지를 썼다.
바티칸 우체국 소인이 찍힌 엽서가 여행 후에 집으로 왔다.

보르게세의 탐욕과 열정

보르게세 미술관은 공원을 지나 맨 안쪽에 있다. 복잡한 미술관에서 나와 한적한 보르게세 공원을 걸으니 좋았다. 인적 없는 곳에 홀로 기타 연주 버스킹을 하는 사람도 보였다.

공원에는 로마에서 흔히 볼 수 있는 나무들이 한가득이다. 기둥 맨 위에 나뭇잎 덩어리가 동글동글하게 얹혀 있는 것처럼 보였는데 이름이 우산소나무다. 내가 보기에는 아무래도 양송이버섯 모양 같은데 말이다. 그림자가 우리 앞에 길게 드리워져서, 우리는 마치 키다리 아저씨 같았다.

보르게세 미술관에서는 베르니니와 까라바조의 주요 작품 위주로 볼 작정이었다. 베르니니의 '다비드' 조각상을 360도 돌면서 감상했는데 나는 이 작품이 미켈란젤로의 '다비드'보다 맘에 들었다. 까라바조의 초기 작품들과 죽기 전 마지막 작품이자 논란이 되었던 '성모자와 성안나'가 인상 깊었다. 뉴욕 박물관에서 온 거장 루벤스의 기획 전시도 덤으로 볼 수 있었다.

보르게세 추기경이 강탈하고 훔치기까지 해서 수집했던 컬렉션으로 가득한 미술관 한가운데에는 추기경의 조각상이 자리 잡고 있다. 탐욕과 열정으로 모은 작품들이 이처럼 훌륭한 미술관으로 남아있으니 아이러니하다.

밖으로 나오니 벌써 어둑해졌다. 포폴로 광장을 지나 핀초 언덕으로 갔다. 검붉은 하늘 위로 보이는 로마 전경과 베드로 성당의 첨탑이 멋졌다.

바티칸 투어
놓치고 머뭇...

티켓사서
오디오가이드로

결국은 잘 보고
다님~

보르게세
가문의 탐욕과
미에 대한
열정과 집착
이 간간히
담긴...

로마 숙소 정할 때 세 곳을 기억하세요

핀초 언덕에서 걸어 내려와 스페인 계단에 도착했다. 크리스털처럼 반짝거리는 크리스마스트리가 화려했다. 야경을 즐기러 나온 사람들로 인산인해여서 계단을 지나다니기 힘들 정도였다. 멋진 트리를 배경으로 기념사진을 찍고 동영상도 찍었는데 키스하는 젊은 연인의 모습이 우연히 담겼다. 낭만적이었다. 계단 앞쪽으로는 금빛 찬란한 명품거리가 끝도 없이 이어져 있었다.

로마는 앞으로도 올 기회가 더 있을 거로 생각해서 일정을 3박으로 짧게 잡았다. 그래서 가능한 관광지와 가까운 곳에 숙소를 정했다.

숙소는 로마 관광의 중심인 트레비 분수, 판테온 신전, 나보나 광장이 만드는 트라이앵글 내부에 위치하는 게 편하다. 웬만한 곳은 걸어 다닐 수 있다. 겨울이라 일찍 어두워지니 숙소 근처 식당에서 느긋하게 저녁 식사를 즐길 수 있다. 우리 숙소 1층이 맛집이라 토스카나식 스테이크를 먹었다.

짧은 로마 체류 중에 베드로 광장을 세 번이나 가게 되어 트레비분수가 아닌 나보나 광장 부근에서 지냈으면 더 편했을 걸 그랬다.

잠깐 뒤러 들어온 숙소 창문
휴대폰 충전후 바로 밖으로...

콜로세움 나올 때 스티커는 이곳에

호텔에서 콜로세움까지 걸어가는 길은 골목마다 고풍스러운 건물들로 너무 멋졌다. 걷다가 사진 찍고 걷다가 사진 찍고 멈춰서기를 몇 번이나 했는지 모른다.

시간이 지체되어 입장 시간이 얼마 남지 않았다. 콜로세움이 바로 보이는 길 한편에 자리 잡고 앉아 스케치했다. 옆에서는 관광객들이 지나다니고 기념사진을 찍으며 즐거워했다. 집중과 몰입이 필요한 시간이었다. 이런 건물은 비율이 틀어지면 어색해지니 소실점과 투시를 염두에 두며 한선 한선 그어나갔다. 포인트로 하늘만 파랗게 칠하고 마무리했다.

콜로세움 내부로 입장하여 한 바퀴 죽 돌고 이층으로 올라갔다. 회랑의 아치문 사이로 우산 소나무가 보이는 멋진 풍경이 눈에 들어왔다.

출구로 나오니 초록색으로 반짝이는 것들이 멀리까지 이어져 있다. 다가가 보니 입장할 때 나눠준 초록 스티커들이었다. 우리 스티커도 기둥 한편에 붙였는데 그냥 가져와 저널북에 장식할 걸 그랬다. 어제 갔던 보르게세 미술관 입구에 있는 벤치 등받이에도 스티커들이 덕지덕지 붙어 있었는데 로마에서 유행하는 건가?

티투스 개선문을 지나 팔라티노 언덕으로 올랐다. 전망대에서는 로마 도심 전체가 내려다보였고 갈매기와 아이들이 노는 모습이 사랑스러웠다. 포로 로마노에는 대리석과 무너진 건물 더미가 드넓게 펼쳐져 있었다.

다리가 끊어질 듯 아파왔다. 돌 벤치에 앉아서 쉬어갈 때다. 뭔가 그릴 수 있는 시간이기도 하다. 앞에 보이는 얼굴 없는 토르소를 그렸다. 이 조각상은 어떤 사연을 가졌을까 궁금했다.

조국의 계단을 지나 숙소로 돌아왔다. 배터리 충전도 하고 좀 쉬어줘야 오후에 또 걸을 수 있다.

까라바조를 아십니까

여행을 떠나기 열흘 전 마두성당 주보에 실린 대림특강이 눈에 띄었었다. 까라바조에 대한 강연이었다. 고종희 마리아 교수님이 까라바조의 극적인 생애와 일생에 걸친 작품들을 열정적으로 알려주셨다. 40년 넘게 평생을 연구하고 책도 내신 교수님이 들려주신 이야기는 너무나 흥미로웠고 차원이 다른 해석이었다.

이탈리아가 자랑스러워하는 예술가가 미켈란젤로와 레오나르도 다빈치라면 이탈리아가 제일 사랑하는 화가는 까라바조라고 한다. 빛과 그림자를 극대화해 주제를 부각하는 것, 성화나 귀족이 아닌 일반인을 주인공으로 그리는 것 그리고 정물화를 처음으로 그렸던 사람이 까라바조다. 지금은 흔히 보는 것들이지만 당시에 남들과 다른 최초의 시도를 한 것이다.

여행 전에 이런 강의를 들을 수 있는 건 정말 행운이었다. 까라바조를 모르고는 이탈리아를 진정으로 감상할 수 없었을 것 같다.

베드로 성당에 있는 김대건 신부 성상을 조각한 한진섭 님과는 한집에서 사신다고 했다. 앗, 두 분은 부부였다.

며칠 뒤에 유튜브를 통해 한진섭 조각가님의 강연도 볼 수 있었다. 베드로 대성전 외벽에 550년간 비어있던, 미켈란젤로의 '피에타'와 등을 맞댄 그 자리에 성상을 세우기까지의 과정이 감동적이었다. 성상은 우리가 여행 가기 딱 3개월 전에 설치되었다. 꼭 가봐야겠다는 생각이 들었다.

까라바조 작품을 보기위해 들른 성 루이지 프란체시 성당 안쪽에 사람들이 몰려있었다. 제단의 왼쪽, 중앙, 오른쪽 벽에 각각 '마태오 3부작'이 있었다. 동전을 넣어야 조명이 켜지고 그림을 볼 수 있는데 사람들이 번갈아 가며 동전을 넣어 불이 꺼지지 않았다.

두 번째 베드로 성당

나보나 광장을 지나 테베레강을 건너 베드로 대성전으로 다시 갔다. 소지품 검사가 있어서 광장 반 바퀴 정도 둘러싼 줄이 몇백 미터였지만 어반스케치를 하면서부터 이런 기다림이 은근 싫지만은 않다. 기다리면서 그림 한 장 그리면 시간 순삭이니까. 생각보다 줄은 금방금방 줄어들었다. 서서 움직이면서 베르니니 회랑을 그렸다. 그림은 뒤죽박죽이었지만 이런 상황이 즐겁기만 했다. 분명 그림을 보면 이 순간이 생생하게 떠오르리라.

한 시간을 기다려 입장한 베드로 대성전은 뭐든지 규모가 어마어마했다. 코로나 시절 프란치스코 교황님이 홀로 미사를 집전하시던 모습이 생각났다.

그나저나 성물방 근처에 김대건 신부님 성상이 있다고 하는데 도대체 찾을 수가 없었다. 아직 설치된 지 얼마 안 돼서 그런지 찾아볼 정보도 거의 없고 직원인 듯한 사람들에게 물어봐도 몰랐다.

저녁 먹으러 트라스테베레로 가야 하고, 귀국 전에 온종일 시간이 있으니 마지막 날에 가보기로 하고 그냥 나왔다. 어스름하니 야간조명이 일제히 들어왔다. 크리스마스트리에 조명이 켜지고 종이 울렸다.

베드로성당 입장을 기다리며
베드로광장 오후

로마의 힙지로, 트라스테베레

로마 중심에서 벗어나 바티칸 궁 건너편에 있는 트라스테베레는 관광객보다 현지인들이 많이 찾는 곳이다. 우리나라의 힙한 을지로 같다고나 할까. 걸어서 20분 걸린다고 하니 거리 구경도 할 겸 걸어가기로 했다. 걷다 보니 금세 어두워졌는데, 대로에서 벗어난 골목에는 가로등 하나 없고 거리는 쓰레기와 담배꽁초로 지저분했다. 간간이 사람이 지나다니기는 해도 살짝 무섭기까지 했다. 인산인해인 베드로 성당을 벗어난 지 10분도 채 안 되었는데 이렇게 다르다니.

아치 모양의 입구에 들어서니 드디어 불빛 화려한 거리가 나왔다. 아기자기한 카페와 식당들의 크리스마스 장식이 예뻤고 거리는 야외 테이블에서 대화 삼매경인 사람들로 복작복작했다.

둘러보니 구글 평점이 높은 식당이 근처에 있었는데 젊은 커플들이 많이 보였다. 쌀쌀하지만 분위기가 근사한 야외테이블에 앉기로 했다. 바로 옆에 난로와 무릎 담요가 있으니 괜찮다.

라자냐, 카르보나라, 맥주와 후식으로 티라미수를 주문했는데 요리는 별다른 반찬 없이 딱 두 접시가 서빙되었다. 피클이 있었으면 하는 생각이 간절했다. 외국 사람들이 우리나라에 와서 푸짐한 반찬 인심에 놀랄 만도 하겠다.

"음…. 현지인들인들 사이에 최고 평점인 카르보나라가 이런 맛이었구나."

"여기 사람들은 식사량이 많나보다. 양이 참 많네!"

현지의 맛을 맛보았다.

앞에 초록색 형체는 레오다.

빨강 체크무늬 식탁보에 놓여있는 요리들이 오늘의 주인공이다.

판테온 신전에서 미사를 드리다

구글맵에서 갈 곳을 검색할 때 꼼꼼히 리뷰들을 체크하다 보면 은근 꿀 정보들 얻을 수 있다. 여행 책자에서 찾아보기 힘든 최신 소식이나 변경 사항도 알 수 있는데, 판테온 신전에서 주일 미사를 드릴 수 있다는 사실을 알게 되었다. 판테온은 유료 입장으로 바뀌었는데 미사를 드리면 그냥 둘러볼 수도 있으니 일거양득이다. 전날 오다가다 미사 시간을 다시 한번 확인해 두었다.

판테온 근처에 있는
타짜도르 커피점에서 서서 에스프레소 마시기,
지올리티 아이스크림 전문점에서 젤라또 먹기.
버킷리스트 2개를 완료했다.

DAY 4...

2023. 12. 17
판테온 신전   흐음
10시 30분 미사보러 온다...

시간이 조금 남아 신전 앞의 분수대에 기대어 서서 판테온 신전을 그렸다. 복잡해 보이지만 단순하게 보면 위는 납작한 이등변 삼각형이고 그 아래는 원기둥들이다. 얼른 스케치하고 인증샷을 찍으니 입장 시간이 다 되었다

  미사 시간에는 신자가 아닌 관광객은 입장 불가인데 안내원에게 "미사"라고 말하니 들여보내 준다. 미사는 이탈리아어로도 미사, 스페인어로도 미사다. 미사 전례는 방문객 중 즉석에서 정하여 독서를 진행하도록 했다. 판테온 신전에서 미사에 참례할 수 있다니 감격스러웠다. 여기 신부님들은 모두 성악가였는지 돔에 울려 퍼지는 성가가 정말 멋졌다. 장소가 주는 그리고 소리가 주는 감동을 실감했다. 눈물이 흘러내렸다.

  하지만 돔의 윗부분이 뻥 뚫려있고 뒤편에 있는 입구도 활짝 열려 있어서인지 너무 추웠다. 관광객들은 밖에서 대기하면서 신전 안쪽을 들여다볼 수 있게 되어있다. 손난로를 가져왔으면 좋았을텐데 필요할 때 꼭 놔두고 다닌다. 미사가 끝난 후 몇몇 사람에게만 나눠주는 상본을 우리에게도 건네주었다.
  "그라찌에~"

2. 붉은지붕 피렌체

피렌체로 가는길

체크아웃 후 테르미니역에 짐을 맡기고 근처에 있는 성당으로 갔다. 도리아 양식 기둥과 금빛 격자무늬의 천장이 특이했던 산타 마리아 마조레 성당은 처음으로 성모 마리아께 봉헌된 성당이다. 정면의 안쪽에 있는 계단을 내려가니 예수님께서 태어나셨던 구유의 조각이 보관되어 있다. 수녀님들과 많은 순례객들이 인사를 드리고 있었다. 다른 성당과 다른, 뭔지 모를 평안과 위로를 느꼈다. 비교적 작은 규모임에도 불구하고 로마의 4대 성당인 이유를 알 수 있었다. 묵주기도를 바치고 마그넷도 샀다.

이딸로 열차를 타고 피렌체로 가면서 창밖으로 보이는 토스카나의 평원을 기대했다. 어쩌면 스페인 렌페 열차에서 봤던 불타는 노을을 볼 수도 있지 않을까. 그런데 창문이 먼지로 뿌옇게 보여 제대로 밖을 볼 수가 없었다. 처음에는 회색 필름지를 붙여놓은 줄 알았다. 흔들리는 기차 안에서 창밖의 풍경을 보는 대신 마그넷을 그렸다.

← 마리넬라그림

SANTA MARIA MAGGIORE

산타마리아마조레 성당.
로마 4대성당중 하나다
처음으로 성모마리아에게 봉헌된
성당이다. 뭔가 쉼의 시간을
갖게해주다.

.italo ⤳
ROMA TER. ⇨ FIRENZE S.M.

영화의 한 장면 속으로 들어가다

　피렌체 숙소는 식재료를 사서 스테이크 요리를 해 먹으려고 아파트형으로 예약했다. 찾아간 노란 건물의 육중한 현관문에는 간판도 초인종도 보이지 않았다. 숙소가 맞나 하고 두리번거리는데 다행히 호스트가 우리를 기다리고 있었는지 문을 열고 나왔다.

　한 사람 정도 겨우 움직일만한 가파르고 좁은 계단을 따라 캐리어를 들고 올라가는데 나는 누구이고 여긴 어디인가…. 3층까지 올라가 열쇠로 문을 열고 들어가니 커다란 방이 나왔다. 침대에는 빈티지한 꽃무늬 이불이 있었고 나무로 된 이중창문, 책상과 의자, 그 옆에는 전신거울이 달린 낡아 보이지만 고풍스러운 옷장, 가스렌지와 작은 찬장과 타일 식탁이 있었다. 벽에는 빛바랜 꽃무늬 흔적들이 보였다.

　마치 몇백 년 전 이탈리아에 여행 온 영화 속 주인공이 된 듯했다.

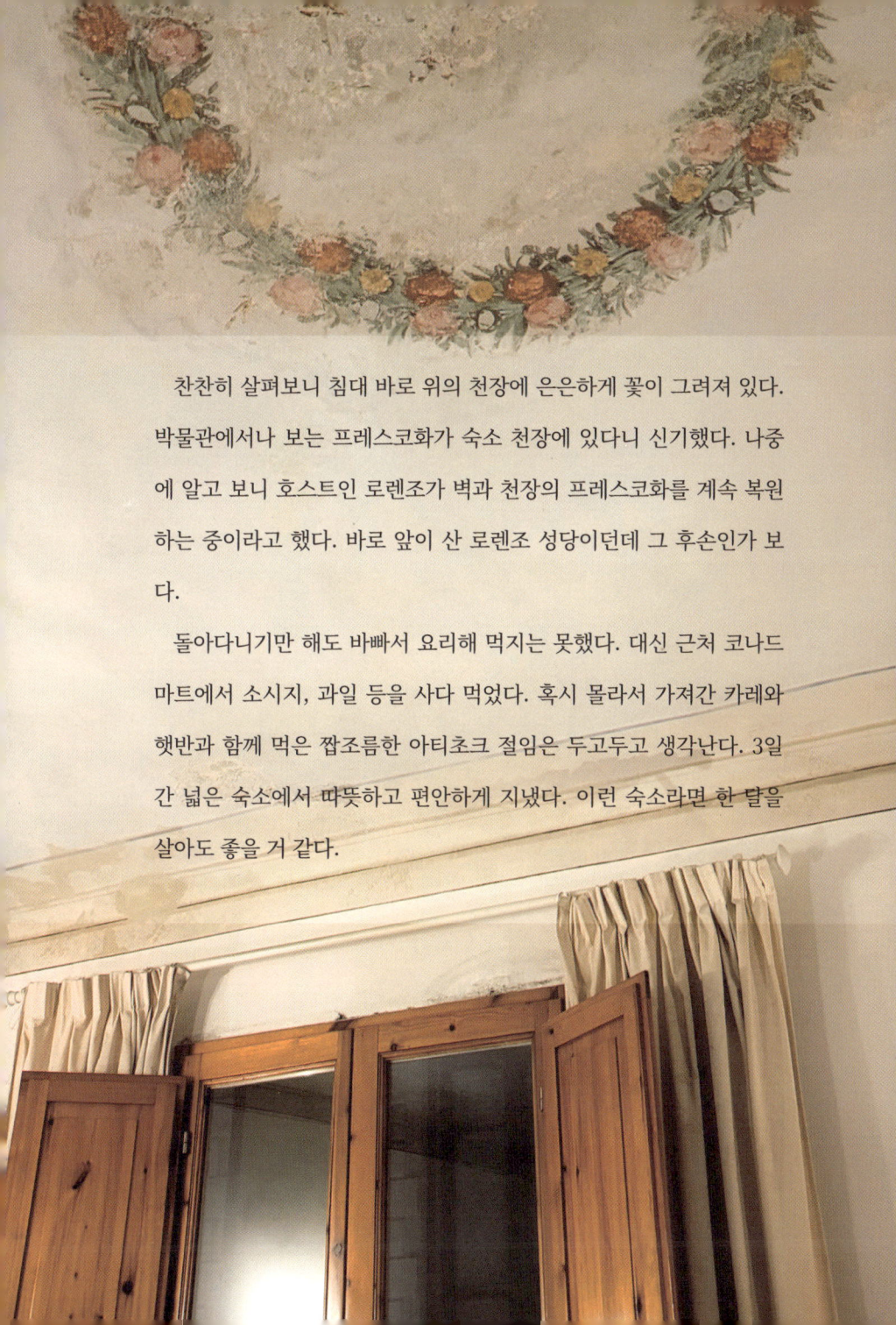

찬찬히 살펴보니 침대 바로 위의 천장에 은은하게 꽃이 그려져 있다. 박물관에서나 보는 프레스코화가 숙소 천장에 있다니 신기했다. 나중에 알고 보니 호스트인 로렌조가 벽과 천장의 프레스코화를 계속 복원하는 중이라고 했다. 바로 앞이 산 로렌조 성당이던데 그 후손인가 보다.

돌아다니기만 해도 바빠서 요리해 먹지는 못했다. 대신 근처 코나드 마트에서 소시지, 과일 등을 사다 먹었다. 혹시 몰라서 가져간 카레와 햇반과 함께 먹은 짭조름한 아티초크 절임은 두고두고 생각난다. 3일간 넓은 숙소에서 따뜻하고 편안하게 지냈다. 이런 숙소라면 한 달을 살아도 좋을 거 같다.

멀리서 보아야 더 아름다운

숙소에서 조금 걸으니 피렌체 대성당이 바로 모습을 드러냈다. 유튜브 동영상으로 보다가 직접보니 훨씬 더 압도적으로 다가왔다. 부르넬리스키가 만든 돔은 웅장하고 아름다웠다. 외벽의 기하학적 줄무늬는 청록색과 하얀색의 대리석으로 겹겹이 쌓은 것이다. 멀리서 본 모습은 아름다웠는데 가까이서 보니 살짝 관리가 안 된 느낌이었다.

두오모나 종탑 관람이 포함되지 않은 지올리티 입장티켓으로 구입하길 잘했다. 로마에서 너무 많이 걸어서 컨디션을 유지해야 했다. 입장을 기다리면서 둥근 돔을 스케치하고 채색은 숙소에서 했다. 세례당과 박물관까지 둘러보고 서둘러 재키화방으로 가야 한다. 1시에 문을 닫으니 서둘러야 했다.

냉정과 열정 사이의 재키화방

여행을 앞두고 인스타에 올라온 피드를 통해, 영화 '냉정과 열정 사이'에 나오는 재키화방이 두오모 성당 근처에 있다는 것을 알게 되었다. 화방의 운영시간이 길지 않아 시간을 잘 맞춰야 한다. 갔다가 허탕치신 분들도 있다. 골목을 돌아가니 바로 나오는 재키화방의 낯익은 간판이 반가웠다.

다음으로 가게 될 토스카나 지역의 평원을 칠하기 위해 고체 물감을 몇 개 사려고 마음먹었다. 재키와 마이메리블루 두 종류의 브랜드가 있었는데 손그림으로 그려놓은 발색표가 잘 되어있어 색을 고르기 편했다. 갈색톤으로 로시에나와 엘로오커, 그린톤으로는 코발트그린과 퍼머넌트그린라이트를 고르고, 중목 300그램인 저널북과 에코백 등을 더 집어 들었다. 문 닫을 시간이 다 되니 마음이 급해졌다.

물감 같은 것은 인터넷으로 구입할 수 있고 오히려 더 싸게 살 수도 있다. 하지만 현지에서 사면 이 물감을 쓸 때마다 기분이 좋아질 것이다. 그래서 여행지에서 마그넷이나 스노우볼 같은 장식품보다는 직접 사용할 수 있는 것을 한두 가지 사 오는 편이다.

골목 사이로 보이는 거대한 피렌체 대성당이 너무나 멋졌다. '냉정과 열정 사이'의 준세이처럼 재키화방 에코백을 메고 사진도 찍었다.

역시 일몰은 미켈란젤로광장

　레푸블리카 광장, 아카데미아 미술관, 시뇨리아 광장, 베키오 궁전, 산타크로체 성당이 모여있는 르네상스의 도시를 하염없이 걸어 다녔다. 베키오 다리에는 사람들이 정말 많았다. 한적한 곳을 좋아하는 나로서는 좀 어려운 곳이었다. 그래도 아르노강 강가에 늘어선 돌담에 걸터앉아 젤라또를 먹으니 이 또한 낭만적이었다.

　다음으로 노을 맛집 미켈란젤로 광장으로 갔다. 겨울 유럽 여행의 치명적인 단점은 해가 너무 짧다는 거다. 일몰 시각을 확인하니 간당간당하여 땀을 흘리며 부지런히 걸었다. 올라가면서 짬짬이 보이는, 황금빛으로 빛나는 붉은 지붕들이 멋졌다. 전망대에 도착하니 사람들이 많아도 너무 많았다. 해가 넘어가고 붉은 공기가 멀리 두오모의 돔과 탑과 다리들과 어우러져 여운을 남긴다. 뒤에 본 아시시나 토스카나의 불타는 하늘과는 달리 말로 설명할 수 없이 묘한 분위기였다. 사람들이 괜히 이곳의 일몰을 얘기하는 게 아니었던 거다.

우피치 미술관에서 간 떨어질 뻔

　오늘의 주요 일정은 우피치 미술관이다. 산드로 보티첼리의 작품들과 까라바조의 '메두사', 레오나르도 다빈치의 '수태고지' 그리고 치마부에의 '마에스타' 등 미리 체크해 둔 작품 위주로 보기로 했다. 가이드 투어도 좋지만 유튜브로 미리 찾아 보고 가는 것도 좋았다.

　시모네 마르티니의 '가브리엘 천사'의 정교하고 섬세한 표현은 사진으로는 알 수가 없기에 한참이나 보고 또 보고 눈에 담았다. 2층 보티첼리의 작품들이 역시나 무척 아름다웠다. 그런데 제일 인기 있는 '프리마베라'와 '비너스의 탄생' 두 점이 유리로 막혀있는 것이 아닌가. 빛이 반사되어 자세히 안 보이는 것이 안타까웠다.

　미술관의 긴 복도를 따라 창가에 벤치가 마련되어 있다. 먼저 주요 작품들을 보고 나서 잠시 쉬어가는 동안 뭘 그릴까 하다가 앞에 보이는 조각상을 반만 그리기로 했다. 건너편의 관람객은 어떻게 그릴지 고민하고 있는데 옆에서 휴대폰을 들여다보고 있던 레오의 나즈막한 탄식 소리가 들렸다.

"왜 무슨 일이야?" 놀라 물었다.

내일 빌릴 렌터카 정보를 한 번 더 확인하다가 잘못해서 취소 버튼을 눌러 버렸다는 거였다. 아 어째 이런 일이….

교통수단이 없으면 불가능한 내일의 토스카나 일정이 순간 뇌리를 스치며 간이 철렁 내려앉았다. 몇 달 전에 오토매틱으로 예약해 뒀는데 난감할 뿐이었다.

레오는 대답할 겨를도 없이 분주히 손을 움직였고 다행히 다시 렌트에 성공했다. 대신 나폴리에서 반납하는 시간이 오후 5시에서 오전 11시로 변경되었다. 여행 계획이 소소하게 틀어져 버린 순간이었다. 며칠 뒤 반납 시간 때문에 아시시에서 꼭두새벽에 출발하게 되었다.

당시에는 당황했지만 지금 생각해 보면 간 떨어질 뻔한 사건은 아니었을지도 모르겠다. 그 와중에도 일단 채색을 마무리하고 인증샷까지 찍었다.

우피치 미술관의 카페테리아.

레오의 콜라 사랑은 못말린다.

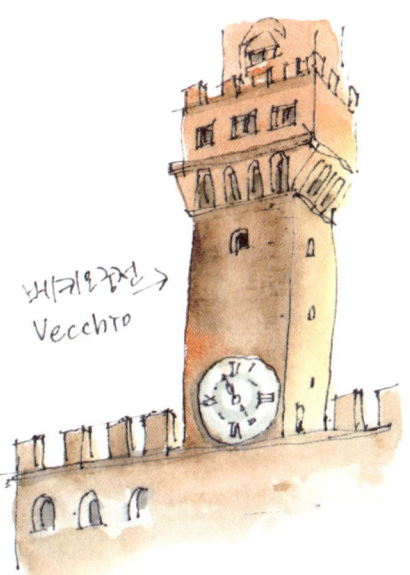

베키오궁전 →
Vecchio

LE GALLERIE
DEGLI UFFIZI

카푸치노

변함없는
콜라사랑

젊음이 부러운 순간

우피치 미술관 근처에 있는 유명한 파니니 가게에 갔다. 비수기인데도 맛집에는 어딜 가나 줄이 길다. 주문받는 직원에게 추천을 받아 시그니처 메뉴인 내장과 햄이 들어간 두 종류를 샀다. 테이블이 없어 다들 서서 먹는 데, 운 좋게 앞에 있는 간이 의자에 앉을 수 있었다.

오랜 비행 끝에 로마에서부터 피렌체까지 쉼 없이 일정을 소화하다 보니 체력이 떨어진 걸까. 살짝 침체된 기분이었다. 우피치에서도 본 기억이 있는 아가씨가 벽에 기대서서 파니니를 먹는 모습을 보니 참 예쁘고 젊음이 부럽다는 생각이 들었다. 빵 부스러기를 먹으러 비둘기들이 몰려들었다.

포켓커피는 커피가 아니었네

피렌체 코나드마트에 들어갔는데 여행선물로 사오면 좋다는 포켓커피가 눈에 들어왔다. 종류도 포장도 다양해서 일단 파란색과 빨간색을 각각 사가지고 들어왔다. 며칠 뒤 숙소에서 밤늦게 커피생각이 나서 포장을 뜯었다.

"하나 마셔볼까?"

"어. 이거 초콜릿처럼 생겼네~"

"그래? 한번 타 봐"

컵에 포켓커피를 하나씩 집어넣고 물을 끓여 부어 휘휘 저어 마셔 보았다. 그런데 맛이 이상했다. 이런, 포켓 커피는 일회용 커피가 아니라 안에 커피액체가 들어있는 초콜릿이었던 거다

"우리 참 허당이다. 어디 가서 이 얘기하지 말자"

둘은 어이가 없어서 한참을 웃었다.

초콜릿은 맛있어서 선물로 사 가지고 왔다.

그림을 그리다 보니 겉 포장지에 페레로로쉐라고 쓰여 있다.

누가 봐도 초콜릿이다. 그날 우리는 좀 피곤했던 걸로 해둬야겠다.

3. 토스카나

운전보다 더 어려운 주차 정산

렌터카를 타고 토스카나 지역으로 가는 날이었다. 유럽 아니 외국에서 렌터카는 처음이라 살짝 긴장되었다. 캐리어를 끌고 돌길을 걷는 것이 쉽지 않으니 전날 렌터카 빌리는 곳에 미리 가 편한 동선을 확인해 두었다.

ZTL은 거주민 등 허가받은 차량 외에는 통행을 제한하는 구역이다. 우리는 한글 모양을 따서 '룬'이라고 불렀다. 구도심의 중심부나 관광지는 모두 '룬'이다. 잘못하다 '룬'에 들어가면 벌금이 엄청 비싸다.

복잡한 피렌체 도심을 벗어나니 고속도로에는 차들이 많지 않아 시원하게 달려 시에나에 도착했다. 주차하고 주차권을 뽑으려는데 유튜브에서 찾아본 것과 달랐다. 다행히 지나던 사람에게 물어봐서 해결했다. 이후로도 주차장에서 매번 지나가는 현지 주민들에게 도움을 받았는데 다들 친절하게 알려주었다.

나중에 알고 보니 이탈리아 주차장은 주차정산기가 지역마다 사용법과 금액이 다르다고 한다.

가죽가방 사러 시에나에 다시 올 수 있을까

주차장에서 나오니 도심으로 올라가는 에스컬레이터가 있어 다행이었다. 토스카나의 도시들은 주로 산꼭대기 높은 지역에 있다. '로마인 이야기'에서 읽은 로마 건국 신화에서 로물루스와 레무스가 일곱언덕에 도시를 세웠는데 에투루리안의 후손들은 모두 산꼭대기에 도시를 건설했다고 한다. 길거리에 관광객으로 보이는 사람들은 거의 없었다. 현지 초등학생들이 떼를 지어 우르르 지나갔다.

캄포 광장으로 갔다. 빛바랜 회색 건물들 한가운데에 부채꼴 모양의 붉은 광장이 있는데 한쪽으로 기울어져 있는게 특이하다. 우뚝 솟은 만자탑과 함께 멋진 뷰를 만든다.

흑백 스트라이프 무늬의 대리석 기둥이 멋졌던 시에나 대성당을 둘러보고 나니 벌써 2시였다. 곧 점심 브레이크 타임이라 부랴부랴 찾으니 다행히 영업 중인 음식점이 있었다.

식당으로 가는 도중에 상점 바깥에 걸려있는 작은 가죽 숄더백이 눈에 들어왔다. 진한 고동색인데 심플하니 마음에 들었지만 브레이크타임이 얼마 남지 않아서 일단 식당으로 갔다. 식당은 광장 주변이 아닌 작은 골목길에 있었는데, 바깥에서 보이는 조그만 카운터와 달리 안쪽으로 들어가니 넓은 공간이 나오고 현지 맛집인 듯 손님들도 많았다. 피자와 샌드위치는 맛있었지만 양이 엄청 많아 먹다 보니 질렸다. 이번 여행 내내 피자와 파스타를 원도 한도 없이 먹었다.

여행지에서 '다음'은 없다. 맘에 들면 가방을 그 자리에서 사야 했다. 귀국 전 로마에서 몇 군데 상점에 들어가 봤지만, 적당한 가방을 찾지 못했다.

주차장으로 내려갈 때는 걸어갔다. 나무로 된 창문들이 모두 초록색이다. 창문뿐 아니라 깃발에도 진초록색이 들어가 있다. 번트시에나와 로시에나 물감색의 도시라 그런지 다른 도시와 색감이 완전히 다르다. 중세의 향기가 좀 더 진하게 느껴졌다.

반나절만으로는 아쉬웠던 시에나. 가죽 가방을 사러 다시 올 수 있을까 싶다.

루시아가 전 세계 사람들과 소통하는 법

아그리투리스모, 농가민박은 말이 민박이지 규모가 크다. 예전에 광활한 토스카나 지역에서 밀 농사를 할 때 일꾼이 많이 필요해서 큰 집을 지었는데, 이러한 곳들을 숙소로 바꿔 활용하는 것이다. 수영장이나 와이너리가 있는 곳도 있다. 다만 외진 곳에 위치하고 있어 대중교통으로 가기는 힘들고 렌터카가 필수다.

노을 지는 토스카나 평야를 가르며 기분 좋게 드라이브했다. 고속도로를 빠져나와 구불구불한 길을 한참을 가고 비포장길로도 더 올라갔다. 언덕 위에 우리가 묵을 아그리투리스모의 반가운 불빛이 보였다.

집 앞에 주차하니 주인아주머니가 맞아주었다. 40대 정도로 보이는 선한 인상의 루시아는 영어는 전혀 못 한다고 휴대폰 번역기를 켜고 보여주며 말했다. 휴대폰에 대고 루시아가 이탈리아로 말을 하면 한글로 번역되어 나왔다. 하긴 영어권뿐 아니라 전 세계 사람들이 방문할 텐데 능수능란하게 번역기를 사용하는 것이 더 효율적일 수도 있겠다.

실컷 설명하다가 번역기가 꺼지거나 화면이 사라져 완벽한 소통은 어려웠지만 중요한 말은 대충 알아들었다. 말하다가 중간에 번역기가 꺼지면 둘 다 웃음보가 터졌다. 까르르까르르…. 뭐가 그렇게 웃기던지 모르겠다. 늘 다정하고 활기차게 웃던 루시아.

DAY 8

아그리투리스모에서 먹는
(농가주택) 갬성식 밥상~

발도라지아
주린에서
나눈
물

무화과잼

오렌지쥬스

꿀

케익

방금베라케익

@a.yul-

이탈리아 가정에서는 이렇게 아침을 시작하겠지

평소에는 야외 테라스에서 토스카나 평원을 바라보며 조식을 먹을 수 있다고 하는데 우리가 방문한 시기는 날이 추워 주방 한편에 있는 식탁을 이용했다. 루시아가 바구니에 먹을거리를 담아가지고 와서 아침 식사를 차려주었다. 비알레티 커피포트로 에스프레소를 뽑고, 손잡이 달린 냄비에서 우유를 끓여서 커피에 부어 넣어 카푸치노를 만들어주었는데 세상 고소했다.

수돗물로 에스프레소를 끓이길래 놀라서 물어봤다.
"수돗물을 바로 마셔요? 석회물 아닌가요?"
"이 지역의 물은 산 발도르차 수로에서 나오는 깨끗한 물이에요. 수돗물을 바로 마셔도 돼요"
말하는 표정에서 자부심이 느껴졌다.

아침 일찍 사 온 빵과 직접 만든 무화과 잼, 오렌지 주스, 다양한 햄과 케이크까지 식탁 위가 푸짐했다.

이튿날에는 루시아가 계란 후라이를 만들어 주었다. 마치 엄마가 차려주는 아침밥을 먹는 이탈리아 소녀가 된 듯한 기분이 들었다. 달구어진 일인용 무쇠 팬에 말 그대로 올리브색인 올리브유를 듬뿍 뿌리고 새하얀 껍질의 달걀을 깨 넣었다. 하나는 내 접시에, 또 하나는 레오의 접시에 올려 주었다. 더 원하냐고 물어보았지만, 다시 만들어야 해서인지 레오는 그냥 괜찮다고 했다. 에이…. 더 먹고 싶었는데 아쉬웠다.

엄지척하며 "너무 맛있어요. 델리지오소~"라고 말했다.
"오늘 아침에 갓 낳은 달걀이에요. 올리브유도 올해 수확하여 짠 거라 신선해서 녹색을 띠죠".
"이 올리브 오일을 어디에서 살 수 있나요?"
"바로 옆에 동생이 하는 농장에서요"
내일 체크아웃을 한 후 8시 반에 방문하기로 하고 루시아가 미리 전화를 넣어주었다.

토스카나에서의 이틀은 이탈리아 가정을 체험한 듯했다. 아그리투리스모에서 지내며 에너지를 보충했다. 부엌과 거실은 공용 공간이었는데 비수기라 우리만 쓰게 되어 좋았다.

그림자가 멋졌다. 그림을 그리게 된 후로는 그림자가 눈에 들어온다.

막시무스의 집에는 아침에 가세요

밤새 실내가 좀 추웠지만 휴대용 전기요 덕분에 잘 자고 일어났다. 아침 일찍 일어나 안개 낀 평원의 일출을 보았다.

오늘 일정은 먼저 막시무스의 집에 가보는 것이다. 발도르차 평원에 줄지어 늘어선 사이프러스 나무는 토스카나라고 하면 떠오르는 대표적인 풍경이다. 꼭 가보고 싶어서 미리 위치를 저장해 두었다.

차창 밖으로 보이는 풍경이 그림 같았다. 낮은 구릉이 끝도 없이 펼쳐지고 군데군데 사이프러스 나무와 그 끝에 예쁜 벽돌집이 이어진다. 가다가 예쁜 곳을 발견하여 그 입구에 차를 세웠다. 양쪽으로 늘어선 사이프러스 나무 사이로 그림자가 길게 드리워져 있었다. 조금 더 가보려다가 사나운 개가 있다는 나무 표지판이 세워져 있어서 그냥 나왔다.

피엔차에 다녀오는 길에 막시무스의 집에 가봤다. 영화 '글레디에이터'에 나오는 막시무스의 집에 가려면 코빌리 농가라고 검색해야 한다.

아침에 본 풍경보다 나무가 더 크고 더 길게 늘어서 있지만 감흥에는 별 차이가 없었다. 아침의 싱그러운 느낌과 나무 그림자가 더 맘에 들었다. 그림을 그리게 된 후에 그림자에 관심이 많아져서 그럴지도 모르겠다. 그림자에 관심이 없는 레오는 코빌리 농가가 더 멋있다고 했다.

차를 타고 조금 더 가다가 뒤를 돌아보니 길게 늘어선 나무가 멋졌다. 차에서 내려 사진을 찍었다. 역시 토스카나의 대표 풍경이다.
엄지 척!

TOSCANA...

막시무스의 집으로 알려진
군발라 농가
하나도 과장됨없다

토스카나에 다시 와야하는 이유

사이프러스 나무와 올리브 나무 정원 옆으로 아그리투리스모의 출입구가 있다. 여기말고는 울타리가 없다. 탁 트인 저 멀리까지 초록초록한 평원이 펼쳐지던 곳.

밀 수확하기 전, 4월에서 5월이 최고로 예쁜 시기라고 루시아가 말해주었다. 연초록 싱그러운 봄에 다시 오고 싶다는 생각이 들었다.

토스카나에 머무는 기간에 비가 온다는 예보와 달리 비는 오지 않았고 다소 흐렸다. 토스카나의 밤에는 별이 쏟아진다고 들어 밤마다 하늘을 올려다보았는데, 구름 탓인지 이틀 머무는 동안 별은 거의 보이지 않았다. 다시 와야 할 이유가 하나 더 생겼다.

피엔차, 이곳이 내가 상상하던 이탈리아

발도르차 평원을 달려 아그리투리스모 숙소에서 20분 남짓한 거리의 피엔차에 도착했다. 주차를 하고 걸어 올라가는데 우와! 도시 시작부터 옐로오커 색감의 건물들과 나무로 된 겹 창문틀이 예쁘다. 좁은 골목의 위쪽에는 크리스마스 조명이 늘어져 있고 현관문에는 집집마다 개성 있는 초록, 빨강의 크리스마스 장식이 고급스러웠다. 과일이나 꽃바구니 등 생필품을 파는 상점들도 아기자기하고 정갈했다.

비오 2세가 만든 계획도시로 이상적인 도시 형태라더니 마치 영화 세트장에 들어온 것만 같았다. 조금 걸으니 바로 광장과 피엔차 성당이 보이고 조금 더 걸어 올라가는데 갑자기 앞에 탁 트인 전경이 나왔다.
이거지!
우리가 서있는 돌담길 너머로 광활한 평원이 펼쳐지고 지저귀는 새들만이 함께했다.

돌담길을 따라 걷다 안쪽으로 들어갔는데 또 숨이 멎을 만큼 멋진 풍경이 나왔다. 웅장한 피콜로미니, 보르자 궁전 사이로 운무에 싸인 평원이 펼쳐졌다. 지나다니는 사람 하나 없고 우리의 발걸음 소리만 간간히 울려 퍼졌다. 복잡한 로마와 피렌체를 돌아다니느라고 살짝 지친 마음이 눈 녹듯 사라졌다. 피엔자는 내가 기대한 이상으로 평화롭게 다가왔다.

이 순간을 기억하려면 그려야 한다. 그림으로 담아두고 싶었다. 아까 봐둔 장소로 내려가 따뜻한 햇살을 등 뒤로 받으며 돌담에 기대어 서서 스케치했다. 돌담 왼쪽 너머로는 토스카나 평원이 끝도 없이 펼쳐지고 펜의 사각거리는 소리와 함께 시간이 멈춘 듯했다.

어디선가 맛있는 냄새가 진동했다. 다운타운으로 가서 트러플 파스타, 부르게스타와 뽈로요리도 뚝딱 해치웠다. 몬테플치아노는 내일 가기로 하고 일찍 숙소로 돌아갔다. 피엔차에서 받은 감동이 깨질까 두려워서.

피엔자! 내가 상상하던 이탈리아는 이곳에 있었다.

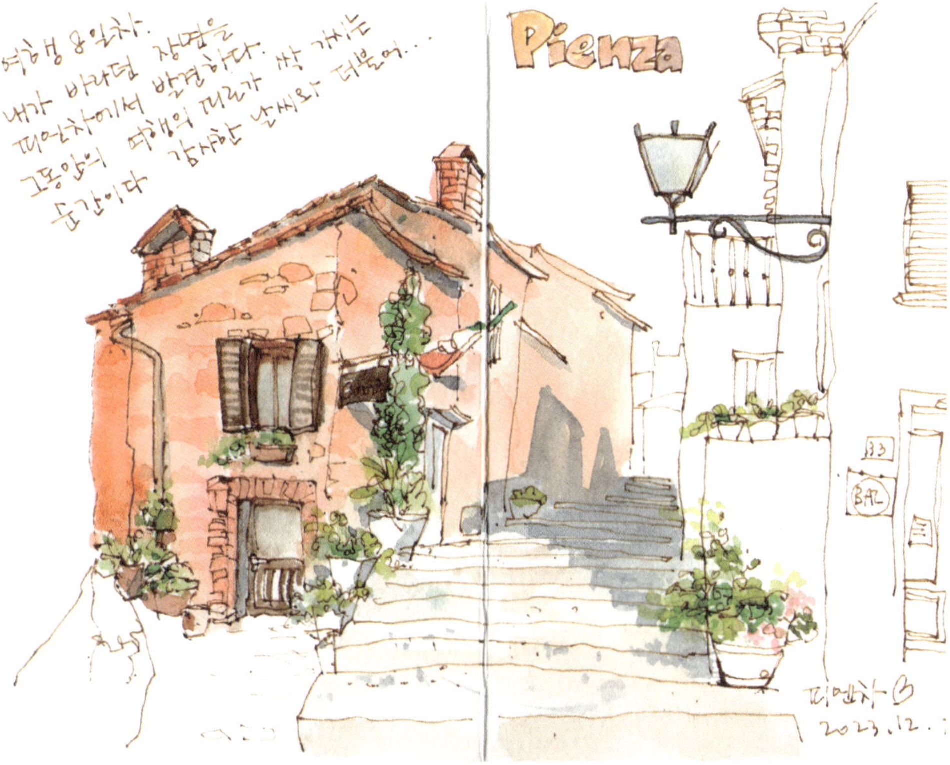
여행 8일차.
내가 바라던 장면을
피엔차에서 발견하다.
그동안의 여행의 피로가 싹 가시는
순간이다 감사한 날씨와 더불어...
Pienza
33
BAR
피엔차 ♡
2023.12.

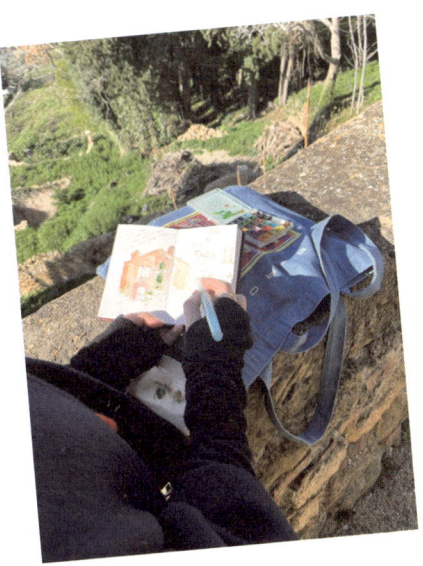

트러플 향에 취해서

체크아웃 하며 루시아와 작별 인사를 나누고 미리 연락해 둔 농장으로 찾아갔다. 차로 5분 거리인 포지오 농장은 거주하는 집 바로 옆에 작은 건물이 있었다. 나무문을 열고 들어가니 작은방에 와인, 치즈, 꿀, 올리브 오일 등이 선반에 진열되어 있고 그 옆의 더 널찍한 공간에는 기계시설이 있었다. 여기서 수확한 작물들을 가공하나보다.

물건들을 둘러보고 있는데 종이에 꽁꽁 싼 뭔가를 가져왔다. 포장을 펼치니 주먹만 한 트러플버섯이 나오는데 코를 확 찌르는 향이 어마무시했다.

우리가 먹었던 신선한 올리브오일, 트러플오일 그리고 꿀을 샀다. 트러플 향에 취해서일까 폭풍 쇼핑을 했다. 뽁뽁이로 포장을 꼼꼼하게 해주었다. 남은 여행기간 동안 들고 다닐 생각에 걱정이었지만 여기서 사길 잘했다. 생각지도 못한 농장 체험은 멋진 경험이었다.

농장에서 사온 신선한 올리브 오일은 아직까지 잘 먹고 있다.

오일을 듬뿍 넣어 샐러드도 해 먹고 빵도 찍어 먹는다.

오기 잘했어. 몬테플치아노

　렌터카로 여행을 하다보니 선택지가 많았다. 오르비에토로 가는 길에 몬테플치아노를 들러보기로 했다.

　유료주차장에 주차하고 아치 모양 문을 지나 성벽 마을 안으로 걸어 올라갔다. 라씨거리 골목 양옆으로는 상점들이 즐비했다. 피엔차보다 사람들이 많았고 활기찬 분위기다. 그런데 레오가 조금 외진 곳에 주차해 둔 것이 맘에 걸린다며 주차를 다시 하고 온다고 했다. 한국에서 주차할 때도 가까운데 놔두고 꼭 자기가 맘에 드는 곳에 주차하더니 여기 와서도 변함이 없다.

　레오가 다녀오는 동안 나는 바로 옆에 보이는 작은 성당에서 기다리기로 했다. 성당 내부는 여태까지 본 화려한 성당과는 달리 소박했다. 그런데 가슴에 화살을 맞는 형상을 한 예수님을 바라보는 성모상이 보였다. 아픔의 표정이 절절하다. 로마나 피렌체에서 본 그 어떤 대작들보다 가슴이 먹먹했다. 초를 봉헌하고 기도를 드렸다.

Montepolciano
피엔자하고 비슷하게 같아
엄마랑 간 몬테풀치아노
참 좋았다. 다음에又

걷다가
눈돌리며
골목사이로
보이는
풍경들

레오와 다시 만나 정처 없이 위쪽으로 올라갔다. 높은 곳까지 차들이 많이 다니는 것을 보니 관광지와 주거지가 함께 어우러진 느낌이었다. Piazza Grande, 이름대로 큰 광장 옆에는 어김없이 성당이 나온다. 광장 앞의 크리스마스 마켓에는 크리스마스 장식 외에도 멧돼지 장식이 많은 것이 특이했다. 크리스마스 캐럴이 울려 퍼졌고, 활기찬 사람들과 뛰노는 아이들이 보였다. 노천카페 야외 테이블에 앉아 에스프레소 한잔 마시는데 등이 따뜻하니 좋았다. 잠깐 멍 때리며 그 순간을 즐겼다.

레오에게 말했다. "오기 잘했다. 그지"

이제 오르비에토로 출발!

성체포는 없었다. 오르비에토

오르비에토는 로마와 피렌체 중간에 있다. 로마에서 당일 코스로도 많이 오는 곳이다. 몬테플치아노에서 두 시간 정도 달리니 저 멀리 산꼭대기에 올라앉은 듯한 거대한 도시가 보인다. 피엔차나 몬테플치아노와는 비교도 안 되게 큰 도시인가 보다.

주차장에서부터 에스컬레이터를 한참 타고 올라가 중심부로 갔다. 도로가 로마의 바닥과 같이 검은 돌로 되어있어서, 여태까지 들렸던 토스카나 도시들과는 다르다. 다음날 간 아시시가 연분홍색, 피엔자와 몬테플치아노가 엘로오커(황토색), 시에나가 비리디언(초록색)이라면 오르비에토는 페이먼츠그레이(어두운 회색)랄까.

거리에는 건물 벽마다 부조처럼 튀어나온 장식이 현대적이고 특이했다. 골목골목 예쁜 것은 말해 무엇할까. 이제는 봐도 무덤덤해 질 정도였다.

오르비에토 대성당은 '볼세나의 기적이 일어난 성체포'를 모신 곳에 지어진 성당이다. 성당 정면의 대리석 조각은 정교했고 내부 돔 천장은 로마의 판테온 돔에 버금가는 웅장한 규모였다. 밀라노 대성당에 이어 두 번째로 큰 성당이다.

루까 시뇨렐리의 '최후의 심판' 프레스코화를 보러 갔다. 이 작품이 미켈란젤로의 '최후의 심판'에 지대한 영향을 끼쳤다고 한다. 천장에 가득 그려진 지옥의 현장은 정말 잔인하고 무섭다. 예전에는 사람들이 글을 못 읽으니 그림으로 대신한 것이라 하는데 이렇게 무서운 그림을 보면 누구라도 말을 잘 들었을 것 같다.

기적이 일어난 성체의 성혈이 묻었다는 성체포는 없었다. 그 자리에 사진만 덩그러니 전시되어 있어서 아쉬웠다. 예상보다 지체되어서 얼른 아시시를 향해 떠나야 했다.

4. 드디어 아시시

결계인 듯, 쉽게 들여보내 주지 않았다

생각보다 늦은 4시나 되어 아시시로 출발했다. 거의 2시간을 달리니 멀리 산꼭대기에 요새 같은 도시가 보였다. 노을빛이 퍼지고 안개인지 구름인지 아스라이 보이는 모습이 신비로웠다.

숙소는 성 프란체스코 성당 바로 앞인데 '룬'지역이라 공영주차장에 주차하고 걸어 올라가야 했다. 주차장을 빠져나와 캐리어를 끌고 골목을 돌아갔는데 가파른 계단이 장난 아니었다. 이미 어두워진 데다 계단이 많고 집들이 다닥다닥 모여있는 골목길이어서 구글맵이 위치를 못 잡았다. 골목을 왔다 갔다 한참을 헤매니, 마치 아시시가 우리를 거부하는 것 같은 느낌마저 들었다. 드디어 메인 도로에 있는 우리 숙소의 간판이 보였다. 아직 오후 7시도 안 되는데 지나다니는 사람이 거의 없었다. 성 프란치스코 성인의 순례지인 아시시의 첫인상은 스산한 느낌으로 다가왔다.

나중에 알고 보니 구글맵이 알려준 두 가지 길 중에 조금 돌아가더라도 완만하고 찾기 편한 길이 있었다. 지름길이 다 좋은 건 아니라는….

호텔에서 잠시 숨을 돌리고 밖으로 나왔다. 올리브 나무로 만든 성물과 기념품 가게들이 늘어서 있다. 상점들이 하나같이 너무나 고급지고 관광지에서 흔히 보이는 싸구려 기념품들은 보이지 않았다.

성 프란치스코 성당이 모습을 드러내었다. 평소 사진으로만 보던 것과는 달리 코발트블루색이었다. 밤에는 성당 정면에 푸른 레이저로 파란 문양을 수놓아 화려하게 변했다. 프란치스코 성인이 말을 타고 고개를 떨군 채 귀향하는 조각상도 보여 반가웠다.

성당 왼편에 있는 긴 외부 계단을 내려갔는데 신부님과 수녀님들이 우르르 나오셨다. 미사가 있었나 보다. 얼른 예배당 입구에 가서 다음 날 새벽 7시 15분에 미사가 있다는 것을 확인해 두었다.

아시시에서 새벽미사를

새벽 미사 보러 걸어가는 앞쪽으로 수녀님이 부지런히 걸어가신다. 어디선가 하나둘 수녀님들이 나타나셔서 어둠 속을 함께 걸었다.

성 프란치스코 성당은 상부와 하부 두 층으로 되어 있어서 계단을 내려가서 예배당으로 들어갔다. 역시나 입구에서 '미사'라고 말하면 들여보내 주었다. 반들반들한 성당의 벽과 바닥은 온통 연분홍색과 비둘기색 돌로 되어있고, 화려하지는 않지만 분위기와 색감이 취향 저격이었다.

세계 각지에서 오신 신부님 이십여 분이 제대 앞에서 나란히 계셨다. 수녀님들과 몇 명의 신자들과 오붓하게 미사드렸다. 아주 키 큰 젊은 신부님이 미사를 집전하셨다. 이탈리아인 특유의 손짓을 많이 하며 설교하는 게 낯설기도 하고 재밌었다.

미사 후에 바로 밖으로 나오니 하얀색의 별다른 장식 없이 단순한 성당이 아침 햇살을 받아 빛나고 있었다. 내 맘에는 이 성당이 최고였다. 그 옆으로 보이는 끝도 없이 펼쳐지는 구름 속에서 일출을 맞이했다.

연분홍 빛깔 오묘한 아시시

아시시 한가운데 있는 코뮤네 광장에서 조금 더 걸어 올라가면 아갈로 물감 매장이 있다. 한창 물감에 관심이 많을 때 아시시에서 제작하는 물감이 있다는 것을 알게 되었다. 여행 가서 직접 사가지고 오리라 버킷리스트에 추가해 두었었다.

매장은 아담했지만 안료가 들어있는 알록달록한 통들이 많이 진열되어 있었다. 아시시 특유의 벽돌색을 추천해달라고 했더니 자주색을 머금은 색바랜 연분홍색과 카키빛 도는 비둘기색을 추천해 준다. 조토의 프레스코화 색이라고 했다. 다른 색도 몇 개 더 추가하여 아예 6개를 고르니 작고 예쁜 틴 케이스에 담아주었다.

아시시로 여행 다녀온 사람들이 따뜻하게 위안을 받았다고 이구동성으로 말하는 데에는 이 도시가 주는 색감도 분명 한몫했을 터이다.

쇠사슬과 옷가지는 왜 들고 있을까

조금 걷다 보니 남녀 두 명의 동상이 나란히 있다. 프란치스코 성인의 부모님이다. 그런데 아버지의 손에는 겉옷이 들려져 있고, 어머니는 쇠사슬을 들고 있다.

부유한 포목상의 아들인 프란치스코가 회심하여 세속을 떠나려 하자 아버지가 그를 집안 내부의 작은 감옥에 가둬 버렸다. 어머니는 프란치스코를 감옥에서 꺼내주었고 그는 입던 옷까지 벗어놓고 모든 재산을 포기하고 떠났다. 성 밖 산 아래로 내려가 오두막에서 누더기만 걸치고 청빈한 생활을 하며 프란치스코 수도회를 이끌었다. 프란치스코 성인은 가난하고 궁핍한 사람들을 위해 일생을 바치며 예수의 삶에 가장 가까운 삶을 살았다고 한다.

아버지는 프란치스코가 집을 떠나면서 벗어 던진 옷을, 어머니는 감옥에서 풀어준 쇠사슬을 들고 있다. 다시 한번 동상을 쳐다보니 마음 한편이 아련해졌다.

성인이 어릴 적 살던 곳인

누오바 성당의 색감이 예쁘다.

동상은 아주 작은 규모의 누오바 성당 앞마당에 있는데 성당은 어릴 때 성인이 살던 집이다. 코뮤네 광장 바로 옆 중심가에 있는 것을 보니 부자였다는 게 맞나 보다. 프란치스코가 아버지에 의해 갇혔던 작은 감옥에는 관광객들이 적은 메모들이 가득했다. 다들 뭐라고 적었을까…. 나도 만년필을 꺼내어 가족의 평안 그리고 한 가지를 더 적어서 감옥 안으로 던져 넣었다.

조금만 걸어가면 산타키아라 성당이 있다. 성녀 키아라는 성 프란치스코의 설교를 듣고 감명을 받아 그의 제자가 되어 한평생을 빈자들의 어머니로 살았다. 성당은 분홍빛을 띤 대리석으로 지어져 여성스러운 분위기가 감돈다. 별다른 장식이나 조각 없이 소박한데 기품이 있다.

안개가 걷혔다. 성당 앞마당에서 바라보는 움브리아 평원과 띄엄띄엄 자리 잡은 집들의 모습은 평온 그 자체였다. 성당 옆길 나지막한 돌담에 앉아 한참 앉아 쉬었는데 등이 따뜻했다. 동네 사람들이 오고 가며 서로 인사도 나누고 한참을 서서 얘기했다. 유모차에 탄 아이들이 많았다. 우리가 앉아 있는 앞으로 꼬마 숙녀와 할머니가 손을 잡고 장난을 치며 지나갔다.

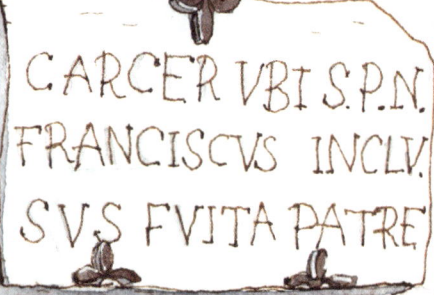

프란치스코 성인이 갇혔던 작은감옥

이탈리아로 오게 한 사진 한 장

이제 성 밖에 있는 산 다미아노 수도원으로 간다. 사실 이탈리아에 오게 된 것은 한 장의 사진 때문이었다. 성당 사비나 언니가 이탈리아 여행을 다녀온 후 보여준 사진 중의 하나가 눈에 들어왔다. 지금껏 여행에 별로 관심이 없었는데 언젠가 거기에 꼭 가보고 싶다는 생각이 들었다.

그곳으로 가고 있었다. 수도원으로 걸어 내려가는 길은 참으로 평화로웠다. 윤기가 흐르는 올리브 나무들이 펼쳐져 있고, 거대한 사이프러스 나무들 사이를 지나갔는데 길 옆으로 조그맣고 빨간 열매가 달린 나무들이 많았다. 한참을 걸어 내려가니 사진 속의 그곳이 보였다. 산 다미아노 수도원의 담벼락이 시작되는 코너 길이.

좀 전에 산 아갈로 물감과 저널북을 꺼내었다. 길게 뻗은 내리막길과 코너의 벽 장식을 스케치하고 사이프러스 나무를 그려나갔다. 옆에 있던 얼기설기 나무로 만들어진 십자가도 그렸다.

감격에 겨워 들뜬 마음만 앞서고, 막상 그릴 수 있는 시간은 별로 없어서 그림은 내 맘 같지 않았다. 그래도 그때의 기분, 날씨, 분위기를 그림에 새겨넣었다.

드디어 눈앞에 있다. 이 한장의 사진...

서둘러 그림을 마무리하고 오후 오픈 시간에 맞춰 산 다미아노 수도원에 입장했다. 너무나 질박하고 경이로운 곳, 아시시 중심부에서 멀리 떨어져 있는 이곳까지 찾아오는 사람들은 몇 안 되는 듯했다.

땀을 한 바가지 흘리며 다시 언덕길을 걸어 올라갔다. 프란치스코 성당 성물방으로 가서 선물로 줄 묵주를 몇 개 구입했다. 아까 길에서 본 빨간 열매를 본뜬 묵주였다.

산다미아노 수도원에
가는길에 보았던
붉은 열매를 본딴... 오늘

어깨춤 리드미컬한

잠깐 쉬러 호텔로 들어가려는데 요란한 소리가 나서 나와보니 거리 끝에서부터 걸어오는 크리스마스 행진이었다. 맨 앞줄의 아주 키 큰 아저씨와 장난기 가득한 소녀가 어깨를 흔들면서 걸어오는 모습이 단연 눈에 띄었다. 동네 주민으로 이루어진 행사인가 보다. 행진하는 걸음걸이가 뭔가 어색하면서도 리드미컬해서 정말 재미있었다.

"가운데 소녀에게 손들어 인사했는데 나한테 눈을 찡긋했어."
라고 했더니 레오도 말했다.
"나는 키 큰 아저씨와 눈 맞추고 인사했어."

아시시에서 보기 드문 동양인 부부에게 눈인사로 응대해 준 것 같았다. 특히 토스카나에서부터 동양인은 거의 보지 못했다. 이곳에 머무르고 계신다는 한국 수녀님과 딸과 여행 중이라는 중년 여성 한 명을 보기는 했다. 어쩌다가 한국 사람을 만나면 왠지 반가워서 말을 걸어봤다. 원래 낯을 가리는데 여행지에서의 용감함 때문이었을까.

불타는 아시시의 일몰

　숙소에 들어오니 일몰 뷰가 장관이었다. 기역자 구조로 창문이 양쪽에 있는 제일 좋은 방에 묵은 보람이 있었다. 기와지붕과 그 너머 수평선으로 펼쳐지는 평원, 불타는 듯 붉은 하늘이 보였다. 레오는 아그리투리스모에서의 일몰이 더 좋았다지만 나는 여기를 원픽으로 하겠다. 이제 일몰과 일출에는 별 여한이 없을 것 같다. 침대에 비스듬히 누워 쉬면서 노을 지는 풍경을 한참 동안 바라봤다.

저녁식사로 멧돼지 요리, 라구소스 스파게티, 가지 요리를 느긋하게 즐겼다. 와인 몇 모금에 얼굴이 빨개지고 알딸딸해졌다.

어둠이 내린 거리에는 크리스마스 장식과 불빛 조명으로 거리가 화려했다. 코뮤네 광장에는 어느새인가 어린 아이들을 데리고 나온 가족들, 개 산책시키는 현지인들, 즐거운 표정의 사람들이 모여들었다.
북적거리지만 결코 소란스럽지 않은... 평화롭고 따뜻했다.

말소리가 음악이 되는 골목길

알아듣지는 못해도 대화하는 소리가 음악처럼 들렸다. 산꼭대기 위치한 도시의 건물들 때문인가. 목청들도 좋고 카랑카랑하게 울려 퍼지는 목소리가 노랫소리 같았다.

대부분 반나절이나 1박 정도 머무른다는 작은 도시인 아시시에 2박을 했다. 하지만 예상보다 늦게 밤에 도착한 데다 떠나는 날을 렌터카 반납 시간이 변경되어 새벽에 떠나야 해서 아쉬웠다. 그래도 꿈만 같은 아시시였다. 아시시는 기대를 저버리지 않았다.

아시시를 떠나며

　새벽에 아시시를 떠나 나폴리에서 렌터카를 반납하고 다시 기차를 타고 소렌토로 이동하는 날이었다. 주차장까지의 거리가 꽤 멀어서 캐리어는 내가 지키고 레오가 호텔 앞으로 차를 가지고 오기로 했다. 새벽 5시 반, 깜깜한 새벽에 호텔 밖에서 레오를 기다리는데 어쩜 이리도 거리가 깨끗한지. 이틀 동안 거리에 쓰레기통이나 청소하는 사람을 본 기억이 없는데 정말 먼지 한 톨이 없다.

　이른 새벽이라 아무도 없는 호텔 로비에는 크리스마스트리 불빛만 반짝거리고 있었고 그 뒤로 다미아노 십자가 걸려있었다. 기다리는 동안 저널 북을 꺼내어 트리를 그렸다.

5. 따뜻한 남부

남부로 가는길

남북을 가로지르는 메인 도로인데도 차가 많지 않았다. 2시간여 지나 로마에 가까워지니 주변 풍경이 변했다. 길쭉한 나무가 버섯 모양으로 바뀌어갔다. 사이프러스 나무와 언덕들아 이젠 안녕.

다시 2시간을 더 달려 나폴리에 도착했다. 뒤엉킨 차들에게 차선은 무의미한 듯, 나폴리역 주변도로가 혼잡했다. 차를 반납하니 시원섭섭했다. 렌터카를 이용했기에 농가주택에서 지낼 수 있었고 토스카나 평원을 달리며 여행이 좀 더 풍성해졌으니 좋은 선택이었다.

규모가 엄청나게 큰 나폴리의 가리발디 역은 각국의 사람들이 다 모인 듯하고 엄청난 양의 담배꽁초를 볼 수 있었다. 소렌토로 가는 기차를 탔는데 패브릭시트가 헤지고 허옇게 얼룩덜룩해서 앉기조차 싫었다. 며칠 후 돌아올 때는 요금이 3배 비싼 캄파니아 익스프레스 열차를 탔지만, 크게 다르지 않았고 단지 승객이 거의 없어 여유롭기는 했다. 불편함을 감수하고 옛것을 잘 보존하는 이탈리아 사람들이 어쩌면 오래되고 낡은 것에도 무딘가 하는 생각이 들었다.

나폴리역을 출발하여 소렌토로 향했다. 차창 밖으로 허름한 집들이 이어지고 지저분한 건물과 벽에는 그래피티 낙서들이 가득했다. 심지어 자동차 폐차장을 지나는지 분해된 차의 잔해들이 한참이나 계속되었다. 이탈리아 남부와 북부는 외모도, 풍광도, 경제적인 것도 차이가 많이 난다는 것이 실감 난다.

길에 굴러다니는 돌도 고급져 보이던 아시시를 떠나서 불과 몇 시간 만에 너무도 다른 풍경이 펼쳐졌다. 좀 더 가니 오렌지 나무가 보이고 풍경이 변해갔다. 소렌토에 가까워졌나 보다.

오토바이 굉음 가득한 소렌토라니

이탈리아 남부는 완연한 봄 날씨였다. 소렌토 기차역에서 나오니 거리가 시끌시끌하고 들썩들썩 활기찬 분위기다. 소렌토를 관통하는 2차선 도로를 오토바이들이 굉음을 내며 달렸다.

숙소로 가는 길에 렌터카 사무실이 보였다. 소렌토에서 반납했으면 편했을 텐데 크리스마스이브에는 휴무라 어쩔 수 없었다. 몇 년 전에도 크리스마스 시즌에 스페인으로 여행을 갔었다. 크리스마스이브에 소도시 론다에 도착했는데 오후가 되니 가게들이 전부 문을 닫고 거리가 텅텅 비어서 당황했었던 기억이 있다. 걱정과는 달리 소렌토 역 부근에는 피자집, 과일가게와 마트가 성업 중이었다. 새벽에 출발하여 이동하다 보니 이제야 첫 끼니다. 각자 피자 한 판씩 해치웠다

남부 여행의 거점으로 삼아 소렌토 역에 가깝게 숙소를 정했다. 아파트 베란다마다 아기자기하게 크리스마스 장식을 해놓았다. 오토바이 주차 공간이 자동차 주차장만큼이나 넓게 마련되어 있었다.

타쏘 광장은 주말 명동 거리처럼 복잡했다. 대형 크리스마스 트리와 조명 장식이 엄청 화려했다. 발 디딜 틈 없이 사람들로 가득해서 어깨를 스치며 돌아다녔다.

두 번째 멘붕. 성탄 전야인데

성탄 전야 미사를 보기 위해 소렌토에서 제일 큰 성 필립과 야고보 성당으로 갔다. 광장 옆으로 골목을 돌아 성당을 찾아갔는데 아무도 보이지 않고 조명조차 어두컴컴했다. 옆에 건물 사무실을 찾아가 물어보니 오늘 미사가 없다는 것 같았다. 의사소통이 원활하지 않았다. 하릴없어 성당 마당에 있는 벤치에 앉아 있었다. 관광객들만이 미사 보러 왔다가 다들 어리둥절해하며 나갔다.

바티칸 투어에 이은 두 번째 멘붕이었다.
성탄 전야에 미사가 없다고!

허망한 마음으로 숙소로 돌아가는 길에 다행히 성 안토니오 성당에서 미사드릴 수 있었다. 미사 전 성모송 기도를 하고 있었고 벽에는 십자가의 길이 있었다. 뭔가 익숙한 동네 성당과 같았다. 판테온이나 아시시의 미사와는 달랐다. 천상계에서 인간계로 내려온 느낌이었다. 뒷줄에 앉은 아주머니와 인사를 나누었다.
"메리 크리스마스~"

미사가 끝나고 밖으로 나왔는데 그처럼 혼잡하던 광장에 사람이 하나도 없었다. 한 시간 만에 전부 사라지는 게 신기했다.

드레스코드는 빨강과 초록

크리스마스 날에는 빵과 치즈로 간단하게 샌드위치를 만들어서 포지타노에 가서 동네 구경을 하고, 골목길이나 해변에서 느긋하게 그림을 그리려는 계획이었다. 그런데 12월 25일 크리스마스 당일에는 포지타노로 들어오고 나가는 버스가 운행하지 않았다. 유럽은 크리스마스에 식당들도 거의 문을 닫는다기에 살짝 걱정했지만 설마 교통편이 끊길 줄은 몰랐다.

소렌토 역 근처 버스 정류장에는 승합 택시 한두 대만이 대기 중이었고 택시 근처에 몇몇 사람들이 보였다. 다행히 동남아 가족이 우리에게 오더니 택시를 같이 타고 포지타노에 가자고 제안했다. 타고 간 승합 택시를 오후에 돌아올 때도 타고 오기로 했다. 말레이시아 부부와 딸 둘. 우리까지 합하면 여섯 명이었다.

아말피 해안도로를 달려 포지타노 버스정류장 부근에 내렸다. 버스 정류장이라고는 해도 길에 팻말 하나가 있을 뿐이다. 거리에는 아무도 없었다. 돌아오는 약속 시간을 정해 다시 만나기로 하고 헤어졌다.

아래로 보이는 산타마리아 아순타 성당 지붕이 멋졌다. 마침 10시라 성탄 미사를 드릴 수도 있겠다 싶어 좁은 골목길을 부지런히 걸어 내려갔다. 성당에는 포지타노 거주민들이 다 모인 듯했다. 빨강과 초록의 드레스코드가 있나 보다. 여자아이들은 체크무늬 리본, 원피스와 머리장식으로, 어른들은 빨강 머플러나 스웨터로 색을 맞추었다.

어제 저녁 소렌토 성당에서의 미사는 동네 성당같은 푸근함이 있었다면, 포지타노 성당은 영화에서 튀어나온 듯한 멋진 사람들로 가득했다. 금발 머리 여성들의 치장이 세련되었고 제복을 입은 높은 분도 있는 것 같았다. 하지만 왠지 초대받지 못한 이방인 느낌이었다. 그래도 당당하게 줄 서서 나가 홀로 성체를 영했다. 미사가 끝나고 난 후 성당 앞마당에 작은 음악회가 열리고 축제 분위기였지만 그냥 해변으로 내려왔다.

포지타노 해변을 독차지하다

넓은 해변에 아무도 없었다. 나중에서야 관광객 몇 명이 나타났다. 운행하는 버스가 없어서 렌터카나 택시로만 올 수 있으니…. 이렇게 한적한 풍경을 누가 경험하겠는가. 아무리 비수기 겨울이라도 그 유명한 포지타노 해변이 이렇게 텅텅 빌 줄이야.

해변 한가운데에서 즐비한 비치체어에 홀로 앉아 스케치를 했다. 멀리 해안가 절벽에 다닥다닥 지어놓은 건물들을 그려나갔다. 켜켜히 쌓여있는 연분홍과 노랑 건물들이 사랑스러웠다. 바다에는 거대한 구름 방벽 사이로 한줄기 빛이 내려왔다.

그림을 배경과 함께 어반스케치 인증샷을 찍은 후 다시 동네를 둘러보았다. 생각보다 작아 금방 둘러볼 수 있었다. 골목골목 상점들도 예쁘지만 문을 다 닫아서 아쉬운 마음이었다. 하지만 사람 많고 복잡한 데를 어려워하는 나로서는 그리 나쁘지만은 않다고, 이런 진귀한 경험도 재미있다고 스스로 달래보았다.

DAY 12
Positano

오율
@o.yul_

7, 12, 25 성탄절 으쓱하진 않게는 전혀 없지만
도리타노 성당에서 성탄미사보고 그림그릴수있게되다... °오율

숙소에서 챙겨 온 빵과 물로 배고픔을 달래는데 어디선가 맛있는 음식 냄새가 났다. 가게가 아닌 거주민들의 식사 시간인 듯했다. 고양이들만 우리에게 관심 있는지 다가왔다.

건물 사이로 윤슬 가득한 바다가 보이는 풍경이 멋졌다. 계단에 앉아 한 장을 더 퀵드로잉했다.

말레이시아 가족을 만나서, 돌아가는 택시를 기다리며 해변에서 그린 그림을 보여줬다. 말레이시아 엄마가 그림을 보더니 손으로 바다쪽을 가리켰다. 구름을 뚫고 바다 위로 쏟아져 내려오는 빛 커튼이었다. 표현하기 어려워서 안 그렸는데 잠시 고민하다가 그 자리에서 물붓을 꺼내 빛이 비추는 환한 부분에 노란빛을 더하고 주변을 살짝 더 어둡게 칠했다.

말레이시아 엄마는 왼손, 나는 오른손이다.

다시 아말피 해안도로를 달려 소렌토로 돌아왔다. 함께 기념사진을 찍고 바이바이 작별 인사를 하며 헤어졌던 말레이시아 가족. 하지만 인연은 다음날까지 계속되었다.

엔젤을 만나 겨우 갈 수 있었던 라벨로

라벨로는 매년 세계적인 뮤직 페스티벌이 열리는 곳인데 아말피에서 버스를 타고 20분 정도 더 가야 한다. 어제 사놓은 시타버스 티켓으로 시간 맞춰 탑승했다. 버스가 왠지 비실비실하게 가는 느낌이더니 버스를 교체해야 한다고 아말피 해안 도로 어딘가에서 전부 내리라고 했다. 30분 정도 기다리니 다른 버스가 왔다. 참, 여러 가지 일들이 생긴다.

아말피 버스 정류장에 내려서 바로 갈아타면 된다. 라벨로로 가는 버스 티켓을 사면서 운행 시간표를 꼼꼼하게 확인해 두었는데 시간이 되어도 버스가 안 왔다. 그렇게 한 시간도 넘게 기다림의 시간이었다.
"버스가 오긴 올까…? 포기해야 하나."
"여기까지 와서 라벨로에 안 간다면 너무 아쉬운데."

그런데 멀리서 말레이시아 엄마가 손 흔들며 다가와 인사를 하는 게 아닌가.
"어머 여기서 또 만나네요. 아말피에 방금 도착했어요".

라벨로 가는 버스를 기다리고 있다고 하니 함께 가고 싶다고 했다. 딸들이 알아봐서 택시투어를 하기로 하기로 했다. 택시운전사, 아니 일일 가이드는 구불구불하고 가파른 길을 운전하면서 이런저런 설명을 계속 해 주었다. 라벨로 옆에 스칼라라는 지역까지 드라이브하면서 멋진 풍광을 보여주고 뷰 포인트에 내려 사진도 찍어주었다.

말레이시아 딸들은 영국 유학생들이라 가이드의 설명을 잘 알아듣고 맞장구를 쳤다. 돌아가면 영어 공부를 좀 해야겠다고 생각했다. 옥스퍼드에서 유학 중인 막내딸 이름은 엔젤이었다. 악뮤와 마마무를 좋아하고 K드라마를 많이 봐서 한국말로 소통이 가능했다.

드디어 라벨로에 도착했다. 마을 입구로 들어가는 짧은 터널에 유명 음악가들의 포스터가 있었다. 그중에 정명훈이 보이니 반가웠다. 빌라 루플로에 입장했는데 겨울인데도 정원에 알록달록 꽃들이 잘 가꿔져 있었다. 산비탈에 심어진 나무와 건물이 지중해 바다와 어우러져 멋진 풍광을 만들어냈다. 마치 두 채의 건물이 두런두런 얘기를 나누며 바다를 바라보고 있는 것 같았다.

버스 어플과 정류장 전광판으로 도착 시간을 확인하는 데 익숙한 우리에게 이탈리아 소도시의 대중교통은 결코 녹록지 않았다. 어제와 오늘 말레이시아 가족을 만나지 못했다면 남부여행을 제대로 하지 못 했을 것이다. 막내딸 이름대로 우리에겐 '엔젤'이었다.

우연히 이틀연속 남부여행을 함께한 말레이시아 가족~ 정말 감사합니다 ♡

2023.12.26

깔라마리 맛있던 아말피는

지중해 해상왕국의 항구였던 아말피는 생각보다 아담했다. 겨울인데도 바닷가에서 수영하는 사람들도 있었다. 마을을 관통하는 아말피 대로(Via di amilfi)는 이름과는 달리, 구경하며 걸어도 20분이면 충분한 너무나 조그만 길이었다. 레몬 소르베와 깔라마리 모둠 튀김을 사 먹고 마그넷과 레몬 사탕도 구입했다.

길고 넓은 계단에서 올려다보이는 성 안드레아 대성당 모자이크와 패턴이 멋졌다. 성당 내부를 둘러보고 나오는데 동네 주민들이 합창 연습을 하고 있어서 잠시 감상하였다.

시타버스를 타고 돌아가는 길은 만원이라 포지타노에서 탄 사람들은 서서 갔는데 소렌토 근처에서 길이 엄청 막혀 2시간 넘게 걸렸다. 성수기에는 어떨지 생각만 해도 아찔했다. 성수기에는 승합차 타고 다니는 현지 투어를 이용하는 것이 좋은 방법일 수도 있겠다.

남부 요리가 맛있다는데

포지타노에서 하루 종일 굶고 돌아온 날 다행히 소렌토에는 문을 여는 곳이 있었다. 더구나 체크해 두었던 식당이 영업을 해서 야외 테라스에 자리를 잡고 문어 요리와 라자냐, 까르보나라, 후식으로 레몬 티라미수까지 주문했다. 음식을 기다리는 동안 그냥 지나칠 순 없다. 식탁 위의 장식과 포크, 나이프, 식당 주인장의 캐릭터를 퀵드로잉했다.

어반스케쳐들 중에는 식당에서 음식을 먹기 전에 그림을 그리기도 한다. 하지만 일단 음식은 따뜻하게 먹어야 하니 난 아직 그 정도의 열정은 없는 걸로 하겠다. 반쯤 먹고 난 것을 그리거나 아님 사진 찍어 그리는 수밖에 없다.

그다음 날 저녁에는, 입구가 온통 접시로 멋지게 장식된 식당을 구경하고 있는데 웨이터가 창문을 통해 환하게 웃으며 인사를 했다. 끌리듯이 들어갔는데 미슐랭을 여러 번 받은 리스토란테였다. 아까 봤던 웨이터가 라이브 연주하는 바로 앞자리로 안내해 주었다. 디아블로 피자와 해산물 리소토를 시켰는데 정말 훌륭했다.

소렌토 도착 첫날에 먹은 프랑코 피자집도 푸짐하니 맛있었고 아말피 골목길에서 먹은 레몬 소르베와 짭조름한 모둠 튀김도 맛있었다. 항구가 바라보이는 벤치에 앉아 먹었던 아란치니와 소폴리아텔라도 Buono!

역시 음식은 남부가 최고였다.

크리스마스 시즌은 하이리스크 하이리턴

남부 마지막 날 야간 산책길에 나섰다. 도착 첫날 미사도 없던 소렌토 대성당에 사람들이 북적북적해서 들어가 보니 주민들의 음악회가 있었다. 재밌는 복장을 하고 합창하고 있었는데 엄청 신나고 흥겨웠다. 낮에 아말피 대성당에서도 이런 음악회 준비를 하고 있었나 보다.

이번 이탈리아 여행에서, 가는 곳마다 각양각색의 크리스마스트리와 아기 예수 구유를 볼 수 있어서 좋았고 다양한 경험을 했지만, 크리스마스 연휴에 쉬는 곳이 많아 어려움도 많았다.

첫 유럽 여행지인 스페인도 이맘때에 다녀왔으니 이제 크리스마스 여행은 더는 안 하는 걸로. 이만하면 충분하다.

크리스마스때 먹는거라고해서
사가지고 온 먹거리..

떠날 때가 되니 보이는 것들

소렌토를 떠나는 날, 오후 늦은 기차라 쏘렌토를 둘러보기로 했다. 구름 한점 없이 날씨가 화창하고 더울 정도였다.

타소 광장에서 바로 이어지는 가파른 계단을 따라 협곡을 한참을 내려가면 소렌토 항구가 나왔다. 안쪽까지 훤히 들여다 보일 정도로 물이 깨끗했는데 여기에서 포지타노나 카프리로 가는 배를 탄다. 다른 쪽 계단으로 올라오니 베수비오와 항구가 바라보이는 딱 트인 작은 공원이 있다. 그리스신화에 나오는 신비로운 사이렌(Siren)이 살았다는 소렌토 앞바다를 바라보며 벤치에 앉아있었다. 갈매기들이 바로 앞에 와서 서로 투닥거렸다. 참으로 평화로웠다.

토스카나가 콧대 높은 멋쟁이 신사라면 남부는 수다분한 동네 아저씨 느낌이다. 처음에는 토스카나에 취해 바뀐 분위기를 적응 못했지만 며칠을 지내고 보니 정감이 갔다. 그래도 오토바이 굉음과 매연은 적응 못할 듯하다. 어쩌면 워낙 한적한 동네라서 더욱 소리가 도드라지게 들렸을까.

산 안토니오 광장에서의 여유로운 시간을

 기차 시간까지 한 시간 정도 남아 더 둘러보지 않고 스케치를 하기로 했다. 산 안토니오 광장 벤치에 앉아서 앞에 보이는 카페를 그렸다. 소렌토 여기저기에 심겨있는 꽃이 한가득 드리워진 카페였다.

 그림을 그린 후 어반스케치 인증샷을 찍고 오토바이 굉음을 배경음으로 동영상 촬영도 했다. 벤치 의자에 아코디언 저널북을 길게 펼쳐놓으니 뿌듯함이 밀려왔다. 여행 다니면서 짬짬이 그린 그림들이 한 페이지를 빼고는 앞뒤로 채워져 있었다. 마지막 그림은 로마 베드로 성당에서 김대건 성상을 그려 넣고 싶어서 딱 한 페이지만 남겨두었다.

 이제 로마로 간다. 막상 떠나려고 하니 온화한 날씨와 맛있는 음식들이 그리워질 것 같다.

6. 다시 로마

다시 로마로

캄파니아 열차를 타고 나폴리로, 다시 이딸로 열차를 타고 오던 길 거꾸로 되짚어 로마로 갔다.

이딸로 기차 통로 건너편에는 이탈리아인이 앉았다. 손가락에 가득 반지를 끼고 체인 팔찌도 주렁주렁 달았는데, 어린 딸에게 책을 열정적으로 한참 읽어주더니 본인도 책을 꺼내 읽는 모습이 멋졌다.

떼르미니역에 다시 도착하니 처음이 아니라 익숙했다. 급하게 예약을 바꿔야 했던 떼르미니역 숙소로 캐리어 끌고 가는데 생각보다 멀었다. 길거리 노숙자들도 많이 보였다.

걸으면 보이는 성당들, 성지순례

로마 시내에만도 400개 이상의 성당이 있다. 여행 내내 걷다 보면 성당이 보였고 2주간 미사 참례도 많이 했다.

판테온 신전에서의 첫 미사.
아시시에서 신부님, 수녀님들과의 새벽 미사.
소렌토에서의 크리스마스이브 이브 미사.
포지타노에서의 화려한 성탄 미사.
감동스럽지 않은 순간이 없었다.

웅장하고 화려한 성당부터 소박하고 단아한 성당까지, 이름도 모르고 들어가 본 성당은 셀 수도 없다. 들어갈 때마다 주님의 기도를 바치고 감사 기도를 드리니 성지 순례를 온 거나 다름없어서 좋았다. 비신자인 레오가 미사 때 지루했을 텐데 늘 함께 있어 줘서 고마웠다.

드디어 김대건 신부님을

서둘러 아침 8시에 도착한 베드로 성당에는 대기 줄이 어마어마했다. 그 넓은 광장을 한 바퀴를 돌고도 더 있어서 도저히 기다릴 엄두가 나지 않았다. 망설이다가 포기하고 걸어 나오는데 서러웠다. 고개를 떨구고 걷고 있는데 레오가 팔을 잡아끌며 다시 가보자 했다.

이제부터는 사람 구경이었다. 바로 앞사람 옷에 갈매기가 하얀 똥을 투척했다. 잠바가 매끈해서 닦아내기 쉬웠는데 머리에 떨어졌으면 낭패였을 듯하다. 어느 가족은 아빠는 반팔, 엄마는 니트 한 장, 애들은 면티를 입고 있었다. 아마도 북쪽 나라에서 왔나 보다.

다행히 한 시간 반 만에 베드로 성당에 다시 입장했다. 이번에는 물어물어 신부님한테로 직진했다. 대성당 중간에 지하로 내려가는 좁은 계단이 있었고 통로를 지나 기념품 가게로 이어지는 야외로 나오니 바로 보였다.

성당 내부의 성물방 말고 외부에 따로 있는 성물방을 찾아가야 했는데 그때는 두 군데 있는 줄 몰랐다. 늘 하던 말이 나에게로 돌아왔다.

"알고 나면 쉬운 거야. 모르면 어렵고."

베르니니를 비롯한 이탈리아 조각들과는 너무나 다르게 여백의 미를 담은 김대건 신부님의 성상이 당당하게 자리 잡고 있었다. 감동이었다. 지나가던 관광객들도 관심을 가지고 쳐다보며 코레아노 라고 말하며 지나갔다.

호텔에서 나와 두 시간 넘도록 밖에서 추위에 떨다 보니 손이 꽁꽁 얼어있었지만, 저널북의 마지막 한 장을 꼭 그려 넣고 싶었다. 급하게 스케치하니 엉망이었다. 그림을 망쳐놓고 속상한 마음에 투덜거렸는데 위로는 커녕 "힘들게 기다려 들어왔는데 좀 더 잘 그려야지."라며 거들었다. 여행 온 후 처음이자 마지막으로 대판 싸워버렸다.

숙소에서 돌아와 저널북 마지막 장을 다시 그렸다. 다른 종이에 그리고 사이즈에 맞게 오려 붙이니 감쪽같았다.

이탈리아여행 중 3번의 방문만에
드디어 김대건 신부님의 석상을
만나다
2023.12.28 안윤

빨간 비알레티 모카포트

레오가 유일하게 사고 싶어 하는 비알레티 커피포트를 사러 갔다.

"2인용을 살까 4인용을 살까" 고민이길래

"아무래도 큰 게 좋겠지" 라고 했더니

"그게 아니야. 용량별로 딱 정해진 분량으로 뽑는거야"

이탈리아인들은 가정마다 사이즈별로 여러 개의 모카포트를 구비하고 있다고 점원이 얘기해 주었다. 인덕션에도 가능하도록 윗부분은 알루미늄, 아래는 스테인리스로 된 빨간색 2인용 모카포트로 골랐다. 선물로 줄 것도 하나 더 샀다. 지금도 매일 아침 에스프레소를 뽑아 달달하게 설탕을 뿌려 먹는게 하루의 시작이다.

    마지막 점심식사를 파스타로 마무리하고 호텔 들러 짐 가지고 떼르미니역으로 갔다. 그리고 레오나르도익스프레스 타고 피우미치노 공항으로.

굳이 어반스케치를 하는 이유는

어반스케치란 여행을 다니거나 일상 중에 그 자리에서 바로 그리는 것을 말한다. 사진을 보고 그리는 것은 여행드로잉 또는 여행스케치로 구분해서 말하곤 한다. 여행을 추억하기에는 어떤 것이든 좋다.

이번 여행에서 짬짬이 그리다 보니 감질이 나서 여행 다녀와서는 한동안 사진을 보고 그리면서 여행을 추억했다. 그래서 드로잉을 목적으로 가는 드로잉 여행도 한번 가보고 싶다.

현장에서 그리는 것은 어떻게 보면 참으로 고단한 일이다. 가볍게 꾸린다 해도 짐을 더하는 것이다. 야외에서 그릴 때는 불편한 자세로 그리거나 심지어 서서 그릴 때도 있다. 집에서 차분히 시간 여유를 두고 그리는 것과는 그림의 퀄리티에서 비교가 안된다. 그럼에도 불구하고 현장에서 그리는 이유는 뭘까.

그리는 때의 상황, 기분, 분위기, 날씨까지도 그림에 생생하게 담을 수 있기 때문이다. 시간이라는 변수를 가진 4차원을 2차원으로 바꾸는 경험을 할 수 있다. 그림을 다시 꺼내보면 그 시간이 오롯이 소환된다.

또 한 가지는 그림이 자유로워진다는 것이다. 사진과 달리 프레임이 없으니 눈에 보이는 것을 다 그릴 수는 없다. 내가 그리고 싶은 것에만 집중해서 슥슥 그릴 때 나오는 자유로운 선과 채색 느낌이 더 맘에 들 때가 많다.

한 권의 저널북으로 남다

그림 도구들을 26인치 캐리어 한쪽 편에 챙겨 넣으면서도 과연 그릴 시간이 있을까 궁금했다. 볼 게 많아도 너무 많은 이탈리아 첫 방문이었고 겨울이라 야외에서 그리기는 힘들 거로 생각했다.

그래도 현장에서 어반스케치로 그리거나 숙소에 돌아와 그려 넣은 그림들이 40페이지 저널북에 빼곡히 채워졌다. 옷을 포기하고 가져간 그림 도구 중에서 막상 사용한 건 아코디언 저널북과 만년필, 작은 휴대용 팔레트와 물붓이었다.

그리고 저널북과 함께 남은 것은 여행 내내 똑같은 외투를 입은 사진들이다.

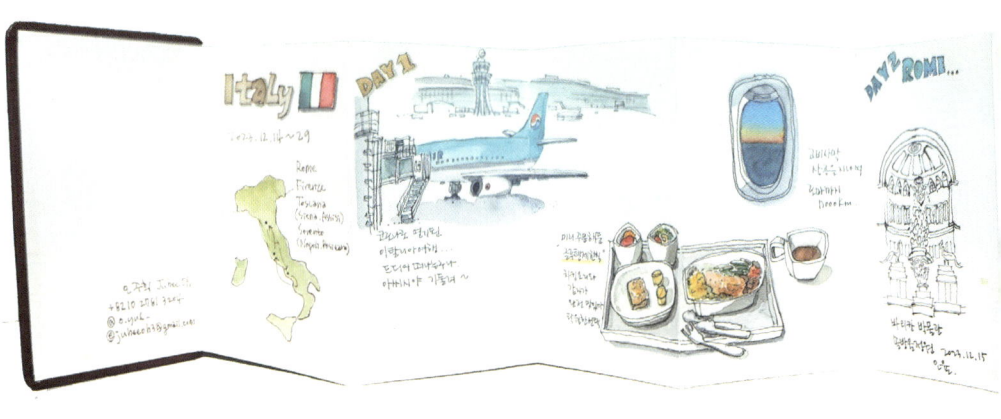

집으로

저녁 9시 45분 비행기 탑승하고 첫 기내식으로 비빔밥이 나왔다. 여행 떠난 후 처음 먹은 한식인데 그냥 그랬다.

비수기라 소매치기들도 쉬는지 낌새도 없었고 우리가 떠난 다음 날부터 이탈리아 전역에 비가 왔다고 하는데 우리는 비 한 방울 안 맞고 다녀왔다. 누오바 성당에서의 부탁을 들어주셨는지 휴대폰도 잘 간수하고 다녔다. 자잘한 사건은 많았지만 큰 사고 없이 2주 간의 이탈리아 여행을 무사히 마친 안도감이 밀려왔다.

올 때는 정시 출발에 11시간의 비행이었다. 밤 출발이라 대부분의 사람이 자는 듯해서 개인 전등을 켜고, 여행 다니면서 끄적거린 메모들을 정리했다. 기내식을 두 번 더 먹으니, 인천에 도착했다.

이제 집으로 간다.

에필로그

불볕더위가 한 달 이상 지속되어 참으로 더웠던 올해 여름. 슬그머니 시작한 책 만들기에 정말 열심이었다. 글쓰기도 어려운 일이었지만 책을 직접 만드는 과정도 도전과 선택의 연속이었다.

몇십 년 만에 컴퓨터 앞에 진득이 앉아 밤늦도록 인디자인과 포토샵을 붙잡고 씨름했다. 예전에 프로그래밍하던 시절의 기억이 새록새록 났다. 인쇄와 출판은 또 다른 영역이었고 내친김에 출판사 등록도 했다. 글쓰기와 편집, 출판까지 풀코스를 경험하게 되었는데 힘들지만 재미있고 보람 있는 과정이었다.

초고를 읽고 꼼꼼하게 교정을 해준 아들과 내 오랜 친구 승민이 그리고 묵묵히 뒷바라지 해준 레오가 있었다. 책 써보는 것을 권유하고, 책을 만드는 고비마다 격려와 조언을 해 준 큰오빠 앤디 님에게 그 누구보다도 감사드린다.

편집과 인쇄에 조언을 주신 윤영 님, 문장에 대해 조언 해주신 채써니 님과 책 쓰는 것을 알게 되었을 때 '화이팅'하며 응원해 주신 성가정의 모후 레지오 단원들과 모든 분에게 감사의 인사를 전한다.

그리고 마지막으로 저의 이야기에 귀 기울이고 관심을 주신 미래의 독자분에게 감사드린다.

2024년 9월 오율

쌤, 어디 다녀오셨어요
크리스마스에 다녀온 수학쌤의 이탈리아 드로잉 여행기

초판 1쇄 발행 2024년 10월

지은이 오주희
이메일 juheeoh3@gmail.com

펴낸곳 디스이즈북
펴낸이 오주희
출판등록 제2024-000177호 (2024년08월26일)
전자우편 thisisbook3@naver.com
ISBN 979-11-989125-3-4 03920

ⓒ 오주희 2024
이 책은 저작권법에 따라 보호받는 저작물이므로 무단전재와 무단복제를 금지하며, 이 책의 전부 또는 일부를 이용하려면 반드시 저작권자의 서면 동의를 받아야 합니다.